Melanie Vita

# Hochsensibilität bei Kindern
Kinder verstehen, stark machen und begleiten

Bibliografische Information der Deutschen Nationalbibliothek:
Die Deutsche Nationalbibliothek verzeichnet diese Publikation in der Deutschen Nationalbibliografie; detaillierte bibliografische Daten sind im Internet über http://dnb.d-nb.de abrufbar.

Klimaneutrale Produktion.
Gedruckt auf umweltfreundlichem, chlorfrei gebleichtem Papier.

MIX
Papier | Fördert gute Waldnutzung
FSC® C083411



Aus Gründen der besseren Lesbarkeit wird auf die gleichzeitige Verwendung der Sprachformen männlich, weiblich und divers (m/w/d) verzichtet. Sämtliche Personenbezeichnungen gelten gleichermaßen für alle Geschlechter.

Umschlaggestaltung: Weiss Werkstatt München, *werkstattmuenchen.com*
Umschlagfoto: © Cagkan Sayin/Shutterstock.com
Satz: Bonifatius GmbH, Paderborn
Lektorat: Nadine Weihe, *www.lektorat-weihe.de*
Druck und Bindung: CPI books GmbH, Leck
Printed in Germany

ISBN 978-3-98790-053-2

Weitere Informationen zum Verlag:
www.bonifatius-verlag.de

Melanie Vita

# Hochsensibilität bei Kindern

Kinder verstehen, stark machen und begleiten

BONIFATIUS

Für meine Tochter,
die mich unermüdlich daran erinnert, was im Leben zählt,
und für meinen Mann und Lebensbegleiter,
der mein Herzensanliegen mit Geduld mitträgt.

# INHALT

# EINFÜHRUNG

Ich freue mich, dass Sie mein Buch zum Thema „Hochsensible Kinder“ in den Händen halten. Seit über zehn Jahren berate ich Familien mit hochsensiblen Kindern und begleite Heranwachsende in ihrer Entwicklung. Die Aufmerksamkeit für das Thema ist stetig gestiegen. Dennoch stelle ich fest, dass nach wie vor viel Aufklärungsbedarf vorhanden ist. Es liegt mir sehr am Herzen, dass Personen, die mit Kindern zusammenleben oder mit ihnen arbeiten, die Merkmale einer hochsensiblen Persönlichkeitsstruktur verstehen. Dies gilt gleichermaßen für Eltern, Pädagogen, Kinderärzte, Therapeuten sowie ehrenamtliche Mitarbeiter von Institutionen wie der Kirche und anderen. Je klarer wird, was ein hochsensibles Kind in bestimmten Situationen bewegt und warum es in gewisser Weise agiert, desto passgenauer kann die pädagogische Begleitung angeglichen werden.

Es geht in diesem Kontext meist darum, Verhaltensweisen neu zu bewerten, notwendige Bedürfnisse achtsam zu ergründen und persönlichkeitsstärkende Vorgehensweisen zu entwickeln. Denn nicht selten werden Verhaltensweisen missverstanden und fehlgedeutet, wie in diesen kurzen Beispielen deutlich wird:

*Magdalena (6 Jahre) ist Vorschulkind und wirkt nach außen sehr zurückhaltend. In neuen Situationen taut sie erst nach längerer Zeit auf, während sie im häuslichen Umfeld selbstsicher und aktiv ist. Im Kindergarten hat sie sich nach längerer Eingewöhnungsphase integriert. Allerdings ist Magdalena im Morgenkreis auch heute noch beobachtend und passiv wirkend. In einem Elterngespräch taucht die Frage auf, ob das Mädchen Konzentrationsprobleme haben könnte. Auch das Thema Entwicklungsverzögerung im sozial-emotionalen Bereich steht im Raum.*

*Benedikt (9 Jahre) wirkt auf den ersten Blick ganz anders. Sein Wesen ist nach außen gerichtet. Er liebt es, neue Dinge auszuprobieren, und hält sich gerne in Gruppen auf. Er zeigt ein großes Herz für seine Schulkameraden, tröstet Mitschüler und setzt sich bei Ungerechtigkeiten für sie ein. Von Zeit zu Zeit kippt Tims Stimmung allerdings. Dann wird er unruhig, aufbrausend und angriffslustig. Seine emotionalen Schwankungen einzuschätzen, fällt schwer. Die Lehrkräfte rätseln, was hinter den Emotionsausbrüchen stecken könnte. Vielleicht eine Aufmerksamkeitsstörung mit einer hyperaktiven Komponente?*

*Laura (5 Jahre) geht mit ihrer Familie regelmäßig in den Gottesdienst. Das Mädchen besucht die Kinderstunde. Seit einigen Wochen verweigert sie die Teilnahme und lässt sich auf keine Diskussionen ein. Auf den ersten Blick wirkt sie unkooperativ, starrsinnig und unnachgiebig. Die Eltern werden immer wieder auf ihren Erziehungsstil angesprochen und darauf, dass sie zu nachgiebig seien. Was keiner weiß: Beim letzten Besuch wurde eine biblische Geschichte erzählt, die bei dem Mädchen aufgrund ihrer hohen Empathie für Albträume gesorgt hat.*

*Maximilian (4 Jahre) hat einen Untersuchungstermin beim Kinderarzt. Da er meist gesund ist, kommt er maximal ein- bis zweimal im Jahr in die Praxis. Bei den U-Untersuchungen verweigert er sich stets, spricht nicht und befolgt Anweisungen nur notdürftig. Im Gespräch mit den Eltern fallen Aussagen wie „Hörverarbeitung fraglich", „kognitive Einschränkung möglich", „sprachliche Entwicklungsverzögerung". Die Eltern sind irritiert, denn im häuslichen Umfeld ist ihr Sohn doch sehr wissbegierig, clever und aktiv.*

Es könnten noch viele Situationen skizziert werden: Ein Junge, der nicht allein ohne die Mutter zur Turngruppe gehen mag; ein Mädchen, das zur Beantwortung von Fragen sehr lange braucht und die Ungeduld der Erwachsenen strapaziert, und viele weitere Situationen, in denen ein Verhalten vorschnell bewertet wird, ohne die Hintergründe genauer zu eruieren. Stoßen Eltern beim Ergründen der Ursachen bestimmter Verhaltensweisen auf das Thema Hochsensibilität, fällt ihnen nicht selten ein Stein vom Herzen. „Jetzt verstehe ich endlich, warum mein Kind sich so verhält", ist einer der meistgehörten Sätze in meiner Beratung. Die Auseinandersetzung mit diesem Thema lohnt sich. Denn laut Psychologin Elaine N. Aron sind ca. 15 bis 20 Prozent aller Kinder hochsensibel. Hochsensible Kinder mögen auf den ersten Blick zurückhaltend, vorsichtig und kontaktscheu wirken, manchmal auch überdreht und gefühlsstark. Bei näherem Hinschauen zeigt sich in den meisten Fällen, dass dieses Verhalten dem Zufriedenstellen übergeordneter Bedürfnisse dient. Diese Bedürfnisse oder manchmal auch innere Nöte ernst zu nehmen und dafür Lösungen zu finden, ist elementar, damit hochsensible Kinder in innerer Balance sein können und dann auch Zugriff auf ihre Potenziale haben.

Hochsensible können das Leben in ihrer Familie oder auch in Gruppen jeglicher Art (Kindergarten, Schule, Kirche, Freizeitgruppen) mit all ihren Stärken und Ressourcen sehr bereichern. Ihre Kreativität und Einfühlsamkeit, das hohe Verantwortungsbewusstsein und die Sorgfalt im Entscheiden und Handeln sind nur Bruchteile der vielen positiven Facetten.

Vielleicht fragen Sie sich, wo diese Stärken bei Ihrem Kind ersichtlich sein sollen, weil Sie aktuell Herausforderungen zu meistern haben. Im Alltag mit hochsensiblen Kindern gibt es immer wieder Situationen und Momente, für die Wege und Lösungen gefunden werden wollen. Allgemeinpädagogische

Ratschläge reichen hier nicht aus. Meist tauchen Schwierigkeiten auf, wenn eine Dauerüberreizung Stressreaktionen auslöst, Neuerungen sowie kleine und große Lebensveränderungen anstehen oder ein Umfeld wesentliche Bedürfnisse Hochsensibler negiert. Dabei spielt die Reaktion des Umfeldes laut neuesten Forschungen eine entscheidende Rolle dafür, ob die Hochsensibilität als Gabe oder als Last empfunden wird. Hochsensibilität per se ist keine Krankheit und keine Störung, sondern eine Persönlichkeitsdisposition. Aber: Findet keine Auseinandersetzung mit den Bedürfnissen dieses Temperaments statt, kann es in Folge zu psychischen Problemen kommen. Das Wissen um die Wesenszüge einer Hochsensibilität kann helfen, den Alltag besser zu meistern und so zu gestalten, dass das Kind in seiner Entwicklung optimal gefördert wird und seine Fähigkeiten ausschöpfen kann.

Gerne möchte ich Sie hineinnehmen in die Erlebniswelt hochsensibler Kinder. Wie zeigt sich eine hohe Sensibilität im Alltag und wie kann eine wertschätzende und stärkende Begleitung dieser Kinder aussehen? Wie können Heranwachsende so unterstützt werden, dass ihre hochsensible Persönlichkeitsstruktur zu einem Potenzial im Leben wird?

In diesem Buch werden Sie Ideen finden, um den Alltag mit hochsensiblen Kindern gut zu gestalten und ihre Entwicklung optimal zu unterstützen. Mittels wertvoller Denkanstöße und praktischer Anregungen möchte ich Ihnen Werkzeuge an die Hand geben, um diese Kinder gut zu begleiten.

Ich wünsche Ihnen viele wertvolle Impulse!

*Ihre Melanie Vita*

## FRAGEBOGEN:
# IST MEIN KIND HOCHSENSIBEL?

Mein Kind …

- ❑ erschrickt leicht.
- ❑ hat eine empfindliche Haut, verträgt keine kratzenden Stoffe, keine Nähte in Socken oder Etiketten in T-Shirts.
- ❑ mag keine Überraschungen.
- ❑ profitiert beim Lernen eher von sanfter Belehrung als harter Strafe.
- ❑ scheint meine Gedanken lesen zu können.
- ❑ hat einen für sein Alter ungewöhnlich gehobenen Wortschatz.
- ❑ ist geruchsempfindlich, sogar bei sehr schwachen Gerüchen.
- ❑ hat einen klugen Sinn für Humor.
- ❑ scheint sehr einfühlsam zu sein.
- ❑ kann nach einem aufregenden Tag schlecht einschlafen.
- ❑ kommt schlecht mit großen Veränderungen klar.
- ❑ findet nasse oder schmutzige Kleidung unangenehm.
- ❑ stellt viele Fragen.

- ❑ ist ein Perfektionist.
- ❑ bemerkt, wenn andere unglücklich sind.
- ❑ bevorzugt leise Spiele.
- ❑ stellt tiefgründige Fragen, die nachdenklich stimmen.
- ❑ ist sehr schmerzempfindlich.
- ❑ ist lärmempfindlich.
- ❑ registriert Details (Veränderungen in der Einrichtung oder im Erscheinungsbild eines Menschen etc.).
- ❑ denkt über mögliche Gefahren nach, bevor es ein Risiko eingeht.
- ❑ erzielt die beste Leistung, wenn keine Fremden dabei sind.
- ❑ hat ein intensives Gefühlsleben.

Hinweise zur Auswertung: Dieser Fragebogen von Elaine N. Aron ist kein objektiv messbares Diagnoseinstrument. Sollten Sie mindestens 13 Aussagen mit Ja beantworten können, besteht die Wahrscheinlichkeit einer Hochsensibilität. Verstehen Sie die Aussagen als Beschreibung eines Temperaments, dem es wert ist, auf die Spur zu gehen.

# 1. HOCHSENSIBLE KINDER VERSTEHEN

Lassen Sie uns das Thema Hochsensibilität nun genauer anschauen. Je mehr Informationen und Details Sie dazu haben, desto besser können Sie einschätzen, ob Ihr Kind diese Persönlichkeitsstrukturen in sich trägt. Meist bemerken Eltern schon sehr früh, dass ihr Kind sich anders verhält als andere. Aber selbstverständlich weist nicht jedes Anderssein auf eine Hochsensibilität hin. Spätestens in den aktuellen Diskursen um die Neurodiversität ist klar, dass es außerhalb der Norm viele unterschiedliche Veranlagungen gibt. Letztlich ist es immer notwendig und hilfreich, sich detailliert zu informieren und auch gut geschulte Fachkräfte zurate zu ziehen. Denn nicht jedes schüchterne Kind und auch nicht jedes Kind mit Wutausbrüchen und einer geringen Frustrationstoleranz ist hochsensibel. Dafür benötigt es noch viel mehr Anzeichen. Diese werde ich Ihnen im folgenden Kapitel nach und nach erläutern, sodass Sie einen guten Überblick bekommen, eine erste Einschätzung treffen und hochsensible Kinder besser verstehen können.

## 1.1 Was verbirgt sich hinter dem Begriff der Hochsensibilität?

### Wie das Konzept „Hochsensibilität“ entstand

Pionierin auf dem Gebiet der Hochsensibilität ist die Psychologin und Wissenschaftlerin Elaine N. Aron. Nach ausgiebiger Grundlagenforschung ging sie 1996 mit dem Konzept an die Öffentlichkeit. Der Begriff der Hochsensibilität an sich ist damit in der Psychologie relativ jung. Die Forschung hierzu läuft hingegen schon seit über 50 Jahren. Allerdings wurden andere Ausdrücke benutzt und jeweils nur Teilaspekte des Themas erforscht. So verwendeten Psychologen Begrifflichkeiten wie „niedrige Reizschwelle, angeborene Schüchternheit, Introvertiertheit, Ängstlichkeit, Hemmung, negative Grundhaltung oder Furchtsamkeit“, um einen bestimmten Wesenszug zu umschreiben. Noch heute wird von schüchternen und nervösen Kindern gesprochen. Erst durch Elaine N. Aron wurde mit dem Terminus der „high sensory-processing sensitivity“ (SPS) ein ganzheitliches Konzept entwickelt. In ihren Publikationen verdeutlicht sie, dass die SPS per se ein positiv zu bewertendes Persönlichkeitsmerkmal und keine Krankheit oder Störung ist, sondern auf eine erhöhte sensorische und neuronale Gehirnverarbeitung zurückzuführen ist, die übergeordnet gesehen sinnvoll sein kann. Im Deutschen etablierte sich für die SPS zunächst der Ausdruck der Hochsensibilität (HS) und damit einhergehend die Begriffe hochsensible Personen (HSP, „highly sensitive persons“) und hochsensible Kinder (HSK). Aufgrund der Gängigkeit werden diese Formulierungen auch in diesem Buch verwendet. Wohlwissend, dass neben der Hochsensibilität auch von Hochsensitivität gesprochen wird.

In den letzten Jahren gesellte sich der plausible Begriff der Neurosensitivität hinzu, der die neurologische Funktionsweise des Gehirns hervorhebt. Dieser Ausdruck wird mit den aktuellen, wissenschaftlichen Forschungen in Verbindung gebracht. Mehr dazu im Abschnitt „Stand der Forschung“, s. S. 42. Nach wissenschaftlichen Untersuchungen zeigen ca. 15 bis 20 Prozent aller Kinder und Erwachsenen eine „high sensory-processing sensitivity“.

## Alles (k)eine Sache der Erziehung?!

Eltern hochsensibler Kinder werden nicht selten mit dem Vorurteil konfrontiert, ihre Erziehung sei schuld daran, dass Sohn oder Tochter beispielsweise scheue und ängstliche Verhaltensweisen zeigen.

*„Wie? Dein Kind traut sich nicht allein zum Bäcker? Das müsste in dem Alter aber längst drin sein. Du bist viel zu nachlässig.“ – „Was treibt dein Kind beim Essen für Spielchen mit dir? Was auf den Tisch kommt, wird gegessen! Du lässt ihm alles durchgehen. Würde es bei mir groß werden, wäre es längst nicht so wählerisch.“*

Mit diesen oder ähnlichen Kommentaren wird Eltern unterstellt, sie hätten das Kind verzogen. Aber: Hochsensibilität ist weder ein Erziehungsfehler noch eine gewollte Marotte der Kinder. Die Gründe sind vielmehr in der besonderen Wahrnehmungsverarbeitung zu suchen. Hierfür spielen laut wissenschaftlichen Untersuchungen ererbte Faktoren eine entscheidende Rolle. Experten gehen davon aus, dass zwei Drittel aller betroffenen Kinder den hochsensiblen Wesenszug von Geburt an in sich tragen. In diesen Fällen wird die hohe Sensibilität vererbt und lässt sich in der Regel auch bei Eltern oder Großeltern finden.

Bei einem geringeren Anteil kann die hohe Sensibilität durch psychische Verletzungen oder traumatische Belastungen erworben sein. Die Erziehung ist demnach nicht die Ursache für einen hochsensiblen Wesenszug. Soll heißen: Ein Kind, das sein Handeln sicherheitsorientiert und mit Vorsicht angeht, welches eine erhöhte Wahrnehmung in einem der Sinnesbereiche hat und mehr Zeit für neue Situationen benötigt, trägt das Grundwesen in der Regel in sich. Diese Art der Wahrnehmungsverarbeitung kann nicht von Grund auf verändert werden.

Dennoch ist unbestritten, dass die Erziehung Einfluss hat auf die jeweilige Entwicklung. Eltern können mit ihrer Vorgehensweise beispielsweise vorsichtiges oder ängstliches Verhalten weiter schüren oder durch kleinschrittige Unterstützung vermitteln, dass Kinder überfordernde Situationen bewältigen können. Eine achtsame und auf die Bedürfnisse des hochsensiblen Kindes orientierte Erziehung erhöht die Chance, dass es lernt, Herausforderungen des Lebens zu meistern. Welche Art der Begleitung hilfreich ist, wird in den folgenden Kapiteln erläutert. Fest steht jedenfalls, dass der Versuch einer Desensibilisierung oder ein Umfeld, das der Hochsensibilität keinen Raum lässt, destruktiv und wenig förderlich ist.

## Temperamentsmerkmal und keine Störung

Wie gerade geschildert, spielen genetische Faktoren laut wissenschaftlichen Untersuchungen eine wesentliche Rolle hinsichtlich einer „high sensory-processing sensitivity“, sprich einer Hochsensibilität. Damit liegt die Auseinandersetzung mit Inhalten der Temperamentsforschung nahe. Ein Temperament definiert sich laut Samuel Pfeifer folgendermaßen:

„Temperament: umschreibt die biologischen, genetisch bereits angelegten Reaktionsmuster eines Menschen. Sie zeigen sich bereits im Säuglingsalter […]. Man unterscheidet vier

Dimensionen, nämlich (1) Offenheit für neue Erfahrungen, Suche nach Neuem (novelty seeking), (2) Vermeiden von Schaden und Schmerz, (3) Abhängigkeit von Belohnung und Zuwendung sowie (4) Durchhaltevermögen oder Ausdauer."[1]

Das Temperament wird demnach genetisch festgelegt. Wissenschaftler nutzen unterschiedlichste Kategorien, um Temperamente zu unterteilen. Betrachtet man hochsensible Kinder unter Einbeziehung der vier oben genannten Dimensionen, so lassen sich einige Beobachtungen feststellen: Hochsensible haben ein sehr wachsames Gehirn, das einem dauerhaft eingestellten „inneren Radar" ähnelt. Das heißt, sie nehmen kontinuierlich Informationen auf, um Situationen besser überblicken und einsortieren zu können. Oftmals zeigt sich diese innere Anspannung in neuen Situationen oder in Situationen, die eine Entscheidung verlangen, auch für Außenstehende. Je nach Alter sind Weinerlichkeit, rasches Verstummen, erhöhte Muskelanspannung und Unruhe zu beobachten. Entspannung tritt bei den Kindern erst nach längerer Zeit ein. Dann werden sie mutig und geben ihre Zurückhaltung zugunsten eines aktiven Handelns auf. Zeitgleich zeigt sich eine starke Selbstüberwachung, auch „self-monitoring" genannt. Dies bedeutet, dass hochsensible Kinder sich und ihr Verhalten in sozialen Situationen ständig überprüfen mit dem Ziel, möglichst nicht aufzufallen und keine Fehler zu machen. Fragen wie „Wie komme ich an?", „Bin ich gut genug?", „Werde ich akzeptiert?", „Wie sehe ich aus?", „Wie beurteilen mich die anderen?", „Hoffentlich mache ich nichts falsch!" sind konstante Begleiter dieser Kinder. Nicht selten zeigt sich ein sehr kritisch eingestelltes Selbstbild.

Mit diesem Diskurs wird klar, dass die Hochsensibilität als solches kein Störungsbild, sondern ein Temperamentsmerkmal ist. Es liegt auch kein „Fehler im System" vor. Es ist vielmehr eine bestimmte, genetisch festgelegte Art der Informationsverarbeitung und Handlungsplanung, die übergeordnet Sinn ergibt. Dennoch möchte ich an dieser Stelle auch erwähnen, dass es im Verlauf der Entwicklung an der einen oder anderen Stelle zu einer Störung als Folgeerscheinung kommen kann (nicht immer und nicht zwingend!). Insbesondere dann, wenn Ideen fehlen, um Herausforderungen zu bewältigen. Dies dann ehrlich anzunehmen und auch therapeutisch anzugehen, sehe ich als Notwendigkeit.

## Besonderheiten in der Wahrnehmungsverarbeitung

Über unsere Sinneskanäle nehmen wir kontinuierlich Informationen bzw. Reize aus unserem Umfeld auf. Diese Reize werden in einer Art Filter vorsortiert, um das Kurzzeitgedächtnis nicht zu überlasten. Das Unterbewusstsein entscheidet, welche der Informationen wichtig und welche unwichtig sind. Mittels Botenstoffen (Neurotransmitter) werden die für wichtig erachteten Informationen an die jeweils zuständige Gehirnregion weitergeleitet. Es findet eine Reizverarbeitung statt, bei der die neuen Informationen mit bisher Bekanntem abgeglichen werden und zu dementsprechenden Entscheidungen oder Erkenntnissen führen.

Nun haben Untersuchungen des amerikanischen Psychologen Jerome Kagan ergeben, dass hochsensible Kinder (bei Kagan „gehemmte Kinder") eine hohe Konzentration an Botenstoffen aufweisen. Dadurch können mehr einströmende Impulse aufgenommen und weiterverarbeitet werden. Es werden insgesamt weniger Reize gefiltert.

Haben hochsensible Kinder aufgrund einer starken Reizflut oder durch Zeitmangel nicht die Möglichkeit, Impulse unmittelbar zu verarbeiten, werden die Informationen nicht – wie bei anderen Kindern – „ökonomisch“ gelöscht, sondern in einer Art „Zwischenablage“ gespeichert. Sobald Ruhe eintritt, beginnen hochsensible Kinder mit der Verarbeitung der ungeklärten bzw. unverarbeiteten Impulse. Dies ist auch der Grund dafür, dass hochsensible Kinder selbst nach Wochen noch mit ungeklärten Fragen ankommen, die für uns Erwachsene schon längst in Vergessenheit geraten sind. Da die Ruhe meist beim Zubettgehen einkehrt, gehören Einschlafschwierigkeiten zu den häufigsten Folgen. Das Gehirn arbeitet noch auf Hochtouren und findet keine Ruhe.

Diese besondere Art, Informationen aufzunehmen und zu verarbeiten, kann in vielen Situationen vorteilhaft sein. So sind hochsensible Kinder ganzheitliche Denker, die sehr reflektiert und detailliert an Aufgaben und Sachverhalte herangehen. Sie haben eine ausgeprägte Gedächtnisleistung und meist ein gut entwickeltes wahrnehmungsgebundenes logisches Denken. Sind diese Kinder allerdings mit innerpsychischen Prozessen, ungeklärten Gedanken und Gefühlen beschäftigt oder stehen sie unter Zeit- oder Leistungsdruck, fällt ihnen die Konzentration mitunter schwer.

## Was Hochsensibilität bedeutet

Hochsensibilität hat aus meiner Sicht zwei Bedeutungskomponenten: zum einen die wissenschaftliche und zum anderen die persönliche. Fragt man Betroffene, was der Begriff für sie bedeutet, fallen Schlagwörter wie *„Empfindsamkeit, Empathiefähigkeit, intensives Gefühlsleben, hohe Wahrnehmung, Gedankentiefe, geringere Belastbarkeit“*. Kinder wiederum tätigen Aussagen wie *„Man ist reizempfindlich und merkt, was alle anderen fühlen.“*,

*„Man reagiert auf bestimmte Sachen genauer und empfindlicher.", „Man nimmt mehr Details wahr.", „Hochsensible empfinden Sachen stärker, zum Beispiel wenn man etwas traurig findet, dann findet man das trauriger als jemand anderes."*

Die Psychologin und Wissenschaftlerin Elaine N. Aron beschreibt die Hochsensibilität in ihrem Buch *Das hochsensible Kind* folgendermaßen:

„Hochsensible Individuen haben die angeborene Neigung, ihre Umgebung deutlicher wahrzunehmen und gründlich nachzudenken, bevor sie handeln. Nicht-hochsensible Personen nehmen im Vergleich dazu weniger wahr und handeln rasch und impulsiv. Hochsensible Erwachsene und Kinder sind meist mitfühlend, klug, intuitiv, kreativ, umsichtig und gewissenhaft. [...] Hochsensible Personen fühlen sich häufig überwältigt, sei es von einem ‚starken Geräuschpegel' oder einem Übermaß an anderen äußeren Reizen, die auf sie einströmen."[2]

Hochsensible Kinder sind von Geburt an mit einem empfindsamen Nervensystem ausgestattet. Aufgrund einer Reizfilterschwäche sind die Kinder sehr reizoffen und nehmen Sinneseindrücke viel intensiver wahr als andere. Kaum etwas prallt einfach an ihnen ab. Was sie beobachten, spüren und wahrnehmen, wollen sie verarbeiten, durchdenken, verstehen. Hochsensible Kinder nehmen dabei viel mehr Details auf als die Mehrzahl ihrer Mitmenschen und denken intensiver über das nach, was sie erleben. Verständlich, dass ihnen schnell alles zu viel wird. Die Menge an wahrgenommenen Informationen – wie Stimmungen von Mitmenschen, Geräusche, Gerüche etc. – sorgt dafür, dass diese Kinder viel Zeit brauchen, um Geschehnisse zu verarbeiten.

Strömen zu viele Eindrücke auf die Kinder ein, kann es zu einer Reizüberflutung kommen. Sie fühlen sich erschöpft, geraten unter Stress, möchten sich von der Außenwelt abschirmen oder sind gereizt. Entgegen ihrer sonst so ruhigen und freundlichen Art beginnen hochsensible Kinder zu quengeln, zu weinen oder mittels Wutausbrüchen zu signalisieren, dass ihnen alles zu viel ist. Auch Schlafprobleme, Kopf- und Bauchschmerzen können Warnsignale für eine Überreizung sein. Neuen Situationen stehen hochsensible Kinder zunächst sehr vorsichtig und beobachtend gegenüber. Sie durchdenken alle Risiken und erst, wenn sie sich sicher fühlen und Vertrauen gewinnen, werden sie aktiv und handeln.

## 1.2 Eigenschaften hochsensibler Kinder

Die Persönlichkeit setzt sich aus einer einzigartigen Kombination aus ererbten Wesenszügen, Erziehung und Lebenserfahrungen zusammen. Dabei spielen Temperamentsmerkmale wie die Hochsensibilität eine große Rolle. Die jeweilige Art und Ausprägung einer hohen Sensibilität ist bei jedem Kind anders. Allen gemeinsam sind laut Elaine N. Aron jedoch die nachstehenden Hauptmerkmale, zusammengefasst unter dem Akronym **DOES**:

- **D**epth of processing – Verarbeitungstiefe, gründliche Informationsverarbeitung
- **O**verarousability – Übererregbarkeit, Neigung zur Überstimulation
- **E**motional Intensity – emotionale Intensität
- **S**ensory Sensitivity – sensorische Empfindlichkeit

## Kerneigenschaften

### *Depth of processing – Verarbeitungstiefe, gründliche Informationsverarbeitung*

Jeder Mensch nimmt über seine Sinneskanäle kontinuierlich eine immense Anzahl von Informationen auf. Viele dieser aufgenommenen Reize bleiben im Unterbewusstsein und werden nicht weiterverarbeitet. Nur ein Bruchteil gelangt in unser Bewusstsein und wird von unserem Gehirn in den dafür zuständigen Gehirnregionen verarbeitet. Wie hoch der Bruchteil ist, hängt vom Individuum ab. Je nach Reizfilter erreichen das Gehirn mehr oder weniger Informationen. Dabei spielen sogenannte Neurotransmitter oder auch Botenstoffe eine wichtige Rolle, um die Reize weiterzuverarbeiten.

Mittlerweile wurde festgestellt, dass die Wahrnehmungsfilter bei hochsensiblen Kindern niedriger eingestellt sind. Das heißt, es gelangen wesentlich mehr Informationen zur Verarbeitung in das Gehirn. Hochsensible Kinder nehmen viel mehr Einzelheiten und Details auf als andere Kinder und verarbeiten die Informationen auch nachhaltiger. Damit lässt sich gut nachvollziehen, dass sowohl Gefühle intensiver erlebt als auch Situationen viel stärker durchdacht werden. Insbesondere in neuen Situationen ziehen hochsensible Kinder es vor, Details und Beobachtungen gedanklich immer wieder abzuwägen, bevor sie handeln. Für den unerfahrenen Betrachter erweckt es den Anschein, als ob diese Kinder träumen und in ihrer Welt versunken sind. Dabei arbeitet das Gehirn auf Hochtouren, um Handlungsstrategien zu erarbeiten.

Dies hat Auswirkungen auf viele alltägliche Bereiche. So sind hochsensible Kinder sehr stetige Kinder, die sich schwer auf schnelle Situationswechsel einlassen können. Sie benötigen für Antworten, Entscheidungen und Arbeitsausführungen viel mehr Zeit. Konsequenzen zeigen sich dadurch auch im Bereich des Lernens: Ein hochsensibles Kind wird seine Aufgaben in der Regel detailliert und genau bearbeiten wollen. In vielen Fällen braucht es dadurch länger als andere. Das Arbeitstempo wird zugunsten der Arbeitsgenauigkeit gedrosselt. Hochsensible sind zudem ganzheitliche Denker. Sie verarbeiten jedes Detail, um ein Gesamtbild einer Situation oder eines Sachverhalts zu bekommen.

### *Emotional Intensity – emotionale Intensität*

Hochsensible Kinder nehmen Informationen aus der Umwelt auf einer tieferen Ebene wahr. Durch die intensivere Verarbeitung von Eindrücken werden auch Gefühle bei sich und anderen stärker wahrgenommen. Gutes wie Schlechtes wird außergewöhnlich intensiv empfunden. Dies bedeutet auch, dass beispielsweise Freude viel tiefer erlebt wird, aber auch Gefühle wie Wut und Ärger wie durch einen Verstärker wahrgenommen werden. Mitunter erzählen Eltern, dass ein Wutausbruch bis zu einer Stunde gehen kann. Selbstregulationsstrategien zu erlernen, ist hier unerlässlich.

Hochsensible Kinder zeigen zudem eine hohe Empathiefähigkeit. Sie können sich sehr gut in die Gefühlslage und die Stimmungen anderer Menschen hineinversetzen – sie stehen sozusagen in Resonanz zu ihnen. Dies kann so weit führen, dass sie den Schmerz oder das Gefühl des anderen übernehmen und unter Umständen sogar auf körperlicher Ebene nachempfinden. Forscher gehen davon aus, dass dies mit einem erhöhten Vorhandensein von Spiegelneuronen zu erklären ist. Beispielsweise kann es sein, dass ein hochsensibles Kind sehr schnell spürt, wenn es einer Klassenkameradin schlecht geht und diese traurig ist. Das Gefühl der Traurigkeit überträgt sich dann auf das hochsensible Kind. Die Reaktionen sind teils so ausgeprägt, dass unter Umständen nicht mehr klar ist, ob die Emotion ein Mit-Gefühl ist oder das eigene.

Leicht vorstellbar wird dann, dass Medienkonsum immer auch emotional anstrengend sein kann. Selbst harmlose Filme wie *Shaun das Schaf*, *Tom und Jerry* oder ähnliche lassen die Emotionen aus der Empathie heraus in die Höhe schnellen und lösen Stress aus. Demzufolge kommt es nicht selten vor, dass hochsensible Kinder lieber Wissenssendungen und Dokumentationen anschauen.

Das schnelle Hochkochen der Emotionen wird durch eine Überstimulation verursacht und sorgt bei hochsensiblen Kindern für ein hohes Stressempfinden. Eine besonnene Reaktion vonseiten der Eltern ist unabdingbar, damit das Kind spürt, dass es die emotionale Last nicht allein tragen muss. Versuchen Sie, die Gefühle Ihres Kindes zu erahnen und beim Namen zu nennen: Angst, Liebe, Freude, Neugierde, Stolz, Schuld, Wut, Trauer, Verzweiflung. Neueste Erkenntnisse über emotionale Intelligenz besagen, dass diese Form der Offenlegung wichtig ist. Signalisieren Sie dem Kind, dass Sie seine Empfindung genau verstehen, sich davon aber nicht anstecken lassen.

### *Sensory Sensitivity – sensorische Empfindlichkeit*

Hochsensible Kinder haben nicht nur ein reiches Innenleben, empfinden Emotionen viel intensiver und durchdenken sehr viel, ihr Nervensystem ist zudem darauf ausgelegt, Informationen verstärkt aufzunehmen. Dabei sind Art und Ausprägung je nach Kind unterschiedlich gelagert, das heißt, es müssen nicht alle sensorischen Bereiche gleich stark ausgeprägt sein.

### › Stark ausgeprägter Tastsinn

Hochsensible Kinder mit einem ausgeprägten Tastsinn nehmen Reize über die Haut detaillierter wahr als andere Kinder. Sie spüren die Beschaffenheit eines bestimmten Materials, zum Beispiel bei Kleidungsstoffen, viel intensiver. Das kann zu Überreaktionen führen, wenn die Jeans zu steif ist, die Wolle zu kratzig, die Naht juckend. Oft mögen diese Kinder feuchte Kleidung nicht, verweigern Fingerfarben oder vermeiden es, schmutzig zu werden. Ist dies bei Kleinkindern sehr ausgeprägt, empfiehlt der Kinderarzt meist eine sensorische Integration.

Im Gegenzug dazu empfinden hochsensible Kinder Berührungen viel intensiver. Positiv gesehen ist dies eine hervorragende Möglichkeit, hochsensiblen Kindern Wertschätzung auszudrücken, ihnen angenehme Gefühle zu ermöglichen und zeitgleich Hormone freizusetzen, die entspannen und Glücksgefühle auslösen. Insbesondere in Stresssituationen kann das sichere Halten des Kindes Ruhe und Entspannung bei ihm bewirken.

### › Stark ausgeprägte visuelle Wahrnehmung

Hochsensible Kinder mit einer ausgeprägten visuellen Wahrnehmung nehmen über das Auge detailliert und genau Informationen auf. Sie beachten selbst kleinste Details, bemerken Veränderungen eines Gegenstandes im Raum sehr schnell, beobachten Bewegungen, Gestik und Mimik von Bezugspersonen und verarbeiten die Impulse intensiv. Diese Kinder sind ausgeprägt bildhafte Denker, sie lieben Farben, Formen und haben oft einen ausgeprägten Sinn für Ästhetik.

### › Starker Gehörsinn

Hochsensible Kinder mit einem ausgeprägten Gehörsinn nehmen selbst feinste, leiseste Geräusche wahr. Oft sind sie musisch begabt, haben ein Gespür für Harmonien und Klänge. Umgekehrt lässt sich natürlich gut vorstellen, dass ein Zuviel an Geräuschen, ein hoher Lärmpegel und eine hohe akustische Belastung Stress auslösen.

### › Fein ausgeprägter Geschmacks- und Geruchssinn

Hochsensible Kinder schmecken und riechen feinste Nuancen – und diese viel intensiver, als es ihr Umfeld nachvollziehen kann. Sie sind durch eine Geruchsvielfalt schnell überwältigt, schmecken zum Beispiel sofort heraus, ob eine Soße mit Zwiebeln gekocht wurde, auch wenn diese nicht zu sehen sind. Aufgrund ihres ausgeprägten Geschmacks- und Geruchssinnes sind hochsensible Kinder oft heikle Esser, in positivem Sinne sind sie Fein-Schmecker. Im Alltag kann dies für Eltern allerdings anstrengend sein und bedeuten, dass sie viel kreativer und gleichzeitig entspannter sein müssen, um das Essverhalten des hochsensiblen Kindes auszuhalten.

### *Overarousability – Übererregbarkeit, Neigung zur Überstimulation*

Vielleicht wundern Sie sich, warum ich die Übererregbarkeit an das Ende gesetzt habe. Schließlich entspricht es nicht der Reihenfolge des Akronyms DOES. Mir erscheint es schlüssig, dieses Merkmal an die vierte Stelle zu setzen, weil es wie eine logische Schlussfolgerung ist. Ein Kind, das kognitiv unglaublich viel verarbeitet, wahrnimmt, beobachtet, durchdenkt und sich mit kleinsten Details akribisch auseinandersetzt; ein Kind, das im emotionalen Bereich intensiv wahrnimmt und fühlt; ein Kind, das eine erhöhte Sinneswahrnehmung in den unterschiedlichsten Bereichen hat, das steht wie selbstverständlich in der Gefahr eines schnelleren Overloads. Die hohe Reizaufnahme und die intensive Verarbeitung sorgen bei hochsensiblen Kindern deutlich rascher als bei anderen Kindern für eine Reizüberflutung. Damit geht einher, dass hochsensible Kinder weniger belastbar und schneller erschöpft sind. Das heißt, diesen Kindern wird bei zu hoher Informationsflut logischerweise alles zu viel, der gesamte Mechanismus geht in einen Stressmodus über. Die Stressreaktion kann dabei sehr unterschiedlich ausfallen. Beobachtbar ist ein Explodieren oder ein Implodieren. Während die einen also zu heftigen Gefühlsausbrüchen neigen, haben die anderen ein schlagartig auftretendes Bedürfnis nach Ruhe und Rückzug, zeigen psychosomatische Beschwerden, werden schmerzempfindlicher und weinerlicher oder auch unkonzentrierter und vergesslicher. Sobald die innere Balance wiederhergestellt ist, löst sich auch das jeweilige Verhalten wieder auf und diese Kinder können wieder auf ihre Stärken wie beispielsweise die hohe Konzentrationsfähigkeit und das gute Gedächtnis zurückgreifen.

Welche Art der Stressreaktion unbewusst und in Sekundenschnelle gewählt wird, steht meines Erachtens in engem Zusammenhang mit der introvertierten oder extrovertierten Variante der Hochsensibilität (mehr dazu im Abschnitt unter „Introversion und Extroversion", s. S. 34. Aber auch der Ort des Geschehens hat einen entscheidenden Einfluss darauf. So kommt es bei hochsensiblen Kindern im häuslichen Umfeld öfter zu Gefühlsausbrüchen als im außerhäuslichen Bereich, sprich in externen Einrichtungen wie Kita, Schule etc. Hier wird ersichtlich, wie entscheidend Ruhepausen und Auszeiten für hochsensible Kinder sind, um ihr Potenzial entfalten zu können.

## Weitere Charakteristika

### › *Das Verhaltenssystem hochsensibler Kinder*

Wir alle haben ein inneres Verhaltenssystem, das sich aus einem Hemmsystem und einem Aktivierungssystem zusammensetzt. Das Aktivierungssystem ist zuständig dafür, dass wir Neues wagen, aktiv werden, uns ausprobieren, Raum einnehmen, Grenzen testen. Das Hemmsystem bietet hierzu einen Gegenpol. Es ist dafür da, uns in unserem Handeln zu bremsen, eine Reflexion der Situation anzusteuern und zur Vorsicht zu mahnen, bevor gehandelt wird. Beide Systeme haben ihren Sinn und dienen entweder der Sicherheit oder der Grenzerweiterung.

Hochsensible Kinder haben laut Elaine N. Aron in der Regel ein ausgeprägtes Hemmsystem. Dies wurde mittels bildgebender Verfahren nachgewiesen. In diesem System ist die rechte Hemisphäre des denkenden Gehirnteils (Frontalkortex) stark aktiviert. Hochsensible Kinder brauchen mehr Zeit, um Situationen zu verarbeiten und zu guten Entscheidungen zu gelangen. Erst wenn sie einen Sachverhalt von allen Seiten beleuchtet und sämtliche Risiken durchdacht haben, handeln sie und setzen damit ihr Aktivierungssystem in Gang. Aus diesem Grund ist es nachvollziehbar, dass hochsensible Kinder Zeitdruck und auch Überraschungen nicht mögen. Das Hemmsystem hilft hochsensiblen Kindern, ihrem ausgeprägten Sicherheitsbedürfnis gerecht zu werden.

Ersichtlich wird dieses Verhaltenssystem insbesondere in unbekannten Situationen bzw. neuen Lebensphasen. So werden Hochsensible beim Eintritt in den Kindergarten, beim Schuleintritt oder bei Ausbildungs- oder Studienbeginn zunächst beobachtend, wenig aktiv und vorsichtig sein. Haben sie verstanden, was von ihnen erwartet wird, wie sich die jeweiligen Regeln gestalten, wie die Abläufe sind und welchen Personen in ihrem neuen Umfeld sie vertrauen können, werden Hochsensible aktiv, knüpfen Kontakte und beginnen zu handeln. Dieser Prozess benötigt mitunter außergewöhnlich viel Zeit, ist aber für Hochsensible ein elementar wichtiger Entwicklungsvorgang.

### › *Das starke Sicherheitsbedürfnis*

Da hochsensible Kinder ein hohes Sicherheitsbedürfnis haben, vermeiden sie oftmals neue, unbekannte und damit unsichere Situationen. Hochsensible Kinder neigen von sich aus nicht unbedingt dazu, Neues zu wagen. Gut erklären lässt sich dieses Verhalten an dem Drei-Zonen-Modell:

Hochsensible Kinder halten sich gerne in der Komfortzone auf, einem Zustand, in dem nichts Neues zu erwarten ist, Menschen, Situationen und Begebenheiten bereits bekannt sind und damit Sicherheit vermitteln. Gäbe es nur die Komfortzone, wären hochsensible Kinder glücklich. Allerdings geschieht hier

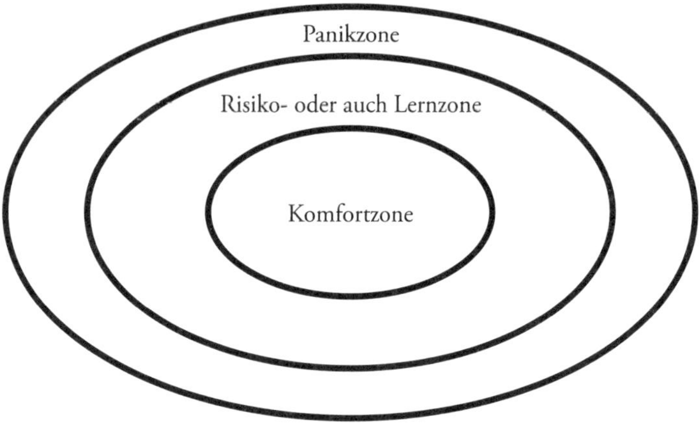


Drei-Zonen-Modell frei nach Lew Wygotski

kein persönliches Wachstum. Dafür ist es immer wieder notwendig, die Komfortzone zu verlassen und in die Risiko- bzw. Lernzone zu treten. Das ist dann der Fall, wenn die Kinder sich Unbekanntem stellen und dem Risiko des Scheiterns ausgesetzt sind, gleichzeitig aber auch die Chance auf Erfolg gegeben ist. Beispielsweise wenn das hochsensible Kind sich überwinden kann, in den Schwimmkurs zu gehen, auch wenn die Mutter nicht unmittelbar in der Nähe sein darf, oder wenn es sich darauf einlässt, bei den Großeltern zu übernachten. Durch den jeweiligen Erfolg sind Entwicklungsfortschritte möglich.

Ist die Herausforderung wiederum zu weit gesteckt, allzu unsicher und sind die Risiken unüberschaubar, entsteht Panik. Diese wiederum engt den Handlungsspielraum ein, führt zu Blockaden und das Kind wird handlungsunfähig. Meist kommt es zu den klassischen Stressüberreaktionen „fight, flight, freeze" (kämpfen, flüchten, erstarren). Ein Lernen aus der Situation ist hier nicht möglich, weil das Hauptziel in diesen Überforderungsmomenten das Überleben ist. Dies wäre beispielsweise der Fall, wenn die Übernachtung an einem fremden Ort ohne ein Elternteil als Sicherheitsanker nicht nur eine Nacht, sondern gleich mehrere Nächte dauern soll und auch kein Plan B existiert.

Um Persönlichkeitswachstum zu garantieren, heißt es, immer wieder zwischen Komfortzone und Risiko- bzw. Lernzone „zu wandern", Grenzen zu erweitern und neue Herausforderungen zu meistern. Hierzu benötigt es die Unterstützung einer wohlgesonnenen Bezugsperson, die ein gutes Gespür für die Unterscheidung von Herausforderungs- und Überforderungssituationen hat.

### › Das Bedürfnis nach einer „Aufwärmphase"

*Magdalena ist vier Jahre alt. Seit ihrem dritten Geburtstag geht sie in den Kindergarten. Der Einstieg fiel ihr sehr schwer, obwohl sie bereits einige Kinder aus ihrer Nachbarschaft kannte. In den ersten Monaten stand sie meist unsicher, beobachtend und scheinbar teilnahmslos im Raum, ohne sich Spielpartner zu suchen. Erst mit der Zeit fasste Magdalena Vertrauen, gesellte sich zu anderen, meist ruhigen Kindern und ging den lauten, forschen und fordernden Kindern aus dem Weg. Im Kindergarten hat sie sich nach längerer Eingewöhnungsphase gut integriert. Die Mutter berichtet, dass Magdalena mit jeder neuen Situation, mit unbekannten Personen, aber auch mit den Großeltern, die sie nur zweimal im Jahr sieht, zunächst in eine passive Beobachtungshaltung geht und Zeit benötigt, um mit Situationen und Personen warm zu werden. Fühlt sich Magdalena genötigt, schneller aktiv zu werden, als es ihrem Typus entspricht, kommt sie stark unter Druck und geht in eine Verweigerungshaltung.*

Was sich hier bei Magdalena zeigt, kommt in der Praxis nicht selten vor. Hochsensible Kinder haben, wie bereits erwähnt, ein hohes Sicherheitsbedürfnis. Intensives Beobachten hilft ihnen, Situationen und Personen einschätzen und daraus Rückschlüsse für ihr eigenes Handeln ziehen zu können. Dies benötigt Zeit. Ist diese Zeit nicht vorhanden, geraten hochsensible Kinder unter Stress und gehen auch hier wieder in den „Fight-Flight-or-Freeze-Modus“ über. Laut Temperamentsforschern gehören hochsensible Kinder damit in die Kategorie von „slow to warm up“ oder auch „difficult to warm up“. Das sind Heranwachsende, die Mühe mit neuen Situationen, Menschen und insbesondere Veränderungen haben. Ebenfalls herausfordernd sind spontane Äußerungen, wie beispielsweise im Morgenkreis oder auch in der Schulklasse, weil hochsensible Kinder ihre Aussagen vorab immer auf ihre Richtigkeit überprüfen.[3]

Damit liegt die Notwendigkeit auf der Hand, hochsensiblen Kindern Zeit zu geben in einer Situation. Doch nicht immer wird eine „Aufwärmphase“ von außen ermöglicht. Hier heißt es dann, Bezugspersonen aufzuklären, eine neue Bewertung vorzunehmen und gemeinsam nach Lösungsideen zu suchen.

### › *Intensität der Emotionen*

Untersuchungen haben ergeben, dass die Intensität der Emotionen bei hochsensiblen Kindern, wie bereits im Kapitel „Kerneigenschaften“ dargestellt, viel stärker ausgeprägt ist als bei anderen. Sowohl bei Samuel Pfeifer als auch bei Susan Cain wird diese Besonderheit im Nervensystem eingehend beschrieben.[4]

Zunächst findet bei jedem Menschen eine Informationsaufnahme durch die Sinneskanäle statt. Bei der Weiterleitung der Reize in das limbische System folgen auf die sachlichen Informationen entsprechende Gefühle und eine erste Bewertung der Situation.

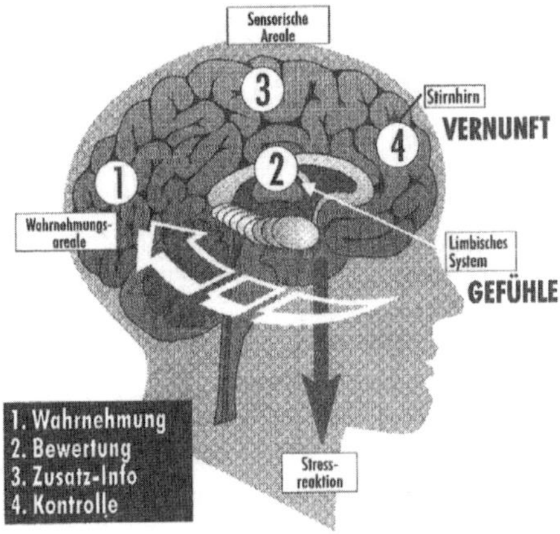


Pfeifer, Der sensible Mensch, S. 36.[5]

Weiterverarbeitet wird nun, indem die Impulse in den sensorischen Arealen mit bisher Bekanntem und Abgespeichertem abgeglichen werden, bis schließlich im Stirnhirn eine Lösung auf Vernunftsebene gefunden und eine Entscheidung getroffen wird.

Untersuchungen zeigen, dass das Nervensystem hochsensibler Kinder, bedingt durch das wachsamere Gehirn, emotional viel stärker reagiert als bei anderen Kindern. Das heißt, das limbische System ist bei hochsensiblen Kindern hochaktiv und es werden stärker als notwendig Stresshormone ausgeschüttet. Man kann sich vorstellen, dass das limbische System auf Gefühlsebene wie eine Art Alarm auslöst, der sehr markant ist. Dieser Alarm verhindert auf neurologischer Ebene die Weiterleitung ins Stirnhirn. In Summe dauert es dadurch auch viel länger, bis es zu einer Beruhigung in diesem Gehirnareal kommt und der lösungsorientierte Teil des Gehirns aktiviert wird.

Dies zeigt sich im Alltag in vielfältigen kleinen und großen Situationen: eine Falte in der Socke, die einen derartigen Alarm auslöst, dass die simple Lösung, die Socke glatt zu ziehen, nicht mehr ersichtlich ist. Ein heftiger Wutausbruch unter Geschwistern aufgrund einer ungerechten Verteilung von Süßigkeiten durch die Oma, bei der die Lösung einer Umverteilung nicht mehr gesehen wird. Ein nicht endender Heulkrampf, weil das Geburtstagsgeschenk nicht rechtzeitig angekommen ist. Die Liste könnte unendlich sein. Immer geht es darum, dass aufgrund der inneren Gefühlsblockade keine Lösungsstrategien gefunden werden.

### › *Introversion und Extroversion*

Was haben Introversion und Extroversion mit hochsensiblen Kindern und deren Verhaltenssystem zu tun? Nach wie vor besteht die gängige Meinung, dass hochsensible Kinder immer introvertiert sein müssten. *„Mein Kind hat immer wieder Wutausbrüche und wir bekommen es kaum gebändigt. Da kann es nicht hochsensibel sein.“* – *„Mein Kind tobt mit anderen Kindern sehr wild und laut, aber wenn wir den Staubsauger anmachen, klagt es über den Lärm und ist schnell gestresst. Das passt doch nicht zusammen.“* – *„Mein Kind mag es recht turbulent. Aber dann kommt es schlagartig an einen Punkt des Overloads und es folgt eine Stressreaktion. Als ob jemand einen Stecker gezogen hätte. Kann das hochsensibel sein?“* Entgegen der gängigen Meinung, hochsensible Kinder seien ausschließlich introvertiert, führen Studien zu anderen Erkenntnissen. Es kann laut Elaine N. Aron davon ausgegangen werden, dass ca. 70 Prozent der hochsensiblen Kinder introvertiert und 30 Prozent extrovertiert sind.[6]

Bei extrovertiert hochsensiblen Kindern sind beide oben genannten Verhaltenssysteme gleich stark ausgeprägt. Das Bedürfnis nach neuen Erfahrungen und nach aktivem Handeln ist ebenso stark ausgebildet wie das Bedürfnis nach Sicherheit und dem Vermeiden von Risiken. Diesen Kindern fällt es mitunter sehr schwer, Entscheidungen zu treffen, da widerstreitende Bedürfnisse zu inneren Konflikten und damit Unentschlossenheit führen. Extrovertiert Hochsensible sind leicht gelangweilt, aber auch leicht überstimuliert, sie wagen sehr schnell Neues, sind dann aber wiederum schnell überfordert. Auf Außenstehende kann dies irritierend und widersprüchlich wirken. Der Grad der Komfortzone ist sehr schmal.

Introvertiert hochsensible Kinder wiederum haben ein starkes Reflexionssystem. Sie bevorzugen ein äußerlich ruhiges Leben, haben keinen Mitteilungsdrang und fokussieren sich auf ihr reges und tiefes Innenleben. Aus dem Alleinsein schöpfen sie Kraft. Das gleichbleibende Bedürfnis ist linear und nach außen oftmals leichter zu erkennen und nachzuvollziehen als bei extrovertiert hochsensiblen Kindern.

### › *Ausgeprägtes Sinn- und Werteverständnis*

Hochsensible Kinder haben sehr hohe Werte und Ansprüche an sich selbst. Vorgegebene Regeln speichern sie sehr schnell ab und achten gewissenhaft auf deren Einhaltung. Handeln hochsensible Kinder regelkonform, laufen sie nicht Gefahr, Fehler zu machen oder jemanden zu enttäuschen. Damit schaffen sie sich selbst die notwendige Sicherheit und Vorhersehbarkeit in einem Alltag, der eine hohe Flexibilität fordert. Zeitgleich ist es diesen Kindern ein starkes Bedürfnis, den Sinn der Vorschriften zu verstehen. Gibt es hinsichtlich einer aufgestellten Regel keine nachvollziehbare Begründung oder wirkt eine Aufforderung nicht authentisch, hinterfragen hochsensible Kinder diese sofort. *„Warum muss man Menschen beim Begrüßen die Hand geben? Warum sollte man zuerst die*

*Hausaufgaben machen und danach erst spielen? Warum soll ich essen, was auf den Tisch kommt?"* Hochsensible Kinder erkennen sehr schnell, wenn Regeln nur zum Selbstzweck aufgestellt werden. Ein „Das tut man nicht!" oder „Das war schon immer so!" reicht als Begründung nicht aus. Hier sollten Eltern und Bezugspersonen transparent und klar sein und den Sinn der Aussage erklären können.

Darüber hinaus ist hochsensiblen Kindern ein sozial korrektes Verhalten sehr wichtig. Ihr Gerechtigkeitssinn ist überaus hoch. Beobachten hochsensible Kinder im Alltag Regelverstöße oder Gemeinheiten, fühlen sie sich regelrecht vor den Kopf gestoßen und beanstanden den Umstand schnell. Dies resultiert aus dem hohen Anspruch an sich selbst und dem Wunsch, dass andere auch danach handeln. Passiert hochsensiblen Kindern ein Missgeschick oder machen sie Fehler, ertragen sie es kaum. Elaine N. Aron spricht hier von einem ausgeprägten Schamgefühl.[7]

Ebenfalls erwähnenswert ist das ausgeprägte Sinnverständnis hochsensibler Kinder. Sie haben ein tiefes Bedürfnis, den Lebenssinn zu ergründen. Bereits in jungen Jahren hinterfragen sie Handlungen, Entscheidungen und Lebensweisen:

*„Was ist der Sinn des Lebens?", „Warum bin ich geboren?", „Weshalb sind wir auf der Welt?", „Wer hat uns geschaffen?", „Was passiert, wenn wir sterben?", „Was ist meine Bestimmung?", „Was kann ich zum Naturschutz/Tierschutz beitragen?"*

Hochsensible Kinder suchen kontinuierlich nach Antworten auf tiefsinnige Fragen. Damit einhergehend zeigt sich häufig, dass sie offen für Spiritualität und Glaubensthemen sind.[8] Hier sind Antworten auf die Fragen nach dem Lebenssinn zu finden. Dies im Alltag einzubeziehen, halte ich für sehr wichtig, um das Bedürfnis nach Sinnhaftigkeit zu stillen. Es lohnt sich, dem auch als ganze Familie auf die Spur zu gehen.

## Vorzüge und Nachteile dieser Persönlichkeitsstruktur

### › *Stärken hochsensibler Kinder*

Hochsensible Kinder haben eine Vielzahl an wertvollen Fähigkeiten. Dazu gehören unter anderem ein gutes Einfühlungsvermögen, eine ausgeprägte Intuition, ein starkes Gerechtigkeitsempfinden, Verlässlichkeit, Kreativität und eine hoch entwickelte Detailwahrnehmung. Sie möchten an sie gestellte Anforderungen so gut wie möglich lösen. Schulkinder nehmen schulische Inhalte detailliert auf und erkennen komplexe Zusammenhänge in der Regel sehr schnell. Bei Kindern mit einer ausgeprägten sensorischen Wahrnehmung zeigt sich zudem oft eine hohe musische oder künstlerische Begabung. Ebenso kann sich ein feiner Geruchs-, Geschmacks- und Tastsinn zeigen.

Weitere Stärken sind:

- hohe Feinfühligkeit,
- ausgeprägte Detailwahrnehmung,
- hohe Konzentrationsfähigkeit,
- sehr gute Intuition,
- ausgeprägte Sozialkompetenz,
- Kreativität,
- Reflexionsfähigkeit,
- starker Gerechtigkeitssinn.

Die Stärken und das Potenzial hochsensibler Kinder zu sehen, zu entdecken und zu fördern, ist eine der wesentlichen Erziehungsaufgaben betroffener Eltern. Damit sich die Potenziale der Kinder entfalten können, ist es unerlässlich, dass sie wenig

Überreizung erfahren. Diese ganz zu vermeiden, wird im alltäglichen Leben nicht machbar sein. Umso notwendiger ist es, den Kindern Ruhephasen zu ermöglichen und ihr Bedürfnis nach Rückzug ernst zu nehmen.

### › *Schwächen hochsensibler Kinder*

Um hochsensiblen Kindern bis zum Erwachsenenalter wertvolle Unterstützung zukommen zu lassen, ist es wichtig, sowohl die Stärken als auch die Schwächen zu kennen und adäquat darauf einzugehen. Meiner Erfahrung nach können Potenziale dann zum Tragen kommen, wenn diese Kinder es lernen, sowohl mit ihren Stärken als auch mit ihren Schwächen zu leben und den Alltag darauf abzustimmen.

Hochsensiblen fällt es grundsätzlich sehr schwer, die Vielzahl an Sinneseindrücken zu verarbeiten, einzuordnen und abzulegen. Sie benötigen hierfür viel Zeit und Ruhe. Mit Zeitbegrenzungen, Druck und Spontanität haben sie ihre Mühe. Zudem sind Hochsensible laut Samuel Pfeifer[9]:

- häufig überempfindlich,
- sehr verletzlich,
- sehr nachdenklich,
- vorsichtig, zurückhaltend und risikoscheu,
- ängstlich,
- nicht in dem Maß belastbar wie andere,
- schnell am Limit,
- schnell überwältigt und in Folge blockiert,
- dazu geneigt, Überreaktion zu zeigen,
- rasch gereizt, verstimmt.

Was es mit diesen vermeintlichen Schwächen auf sich hat, wie Eltern und Kinder damit umgehen können und wie die Stärken am Ende einen gebührenden Raum im Leben des Kindes erhalten, werden Sie im Laufe des Lesens durch viele Ideen und Anregungen erfahren. Je mehr die Unterstützung der hochsensiblen Kinder auf das Temperament abgestimmt ist, desto höher die Chance auf eine gute Entfaltung. Ähnlich wie eine Pflanze die richtigen Bedingungen benötigt, um aufzublühen, wachsen auch hochsensible Kinder über sich hinaus, wenn sie Bedingungen erleben, die ihnen guttun.

## 1.3 Wie wirkt sich eine Hochsensibilität auf die Entwicklung aus?

Wie sich die Hochsensibilität im Leben eines Kindes entwickelt, ob sie als Gabe oder Last empfunden wird, hängt wesentlich von drei Faktoren ab: dem individuellen Potenzial, der Erziehung und den jeweiligen Lebenserfahrungen. Dabei entscheidet die elterliche Erziehung laut Untersuchungen maßgeblich darüber, ob ein Kind seine Hochsensibilität annehmen und sie im Leben als Stärke nutzen kann.[10] In der gesamten Entwicklung heißt es, darauf zu achten, dass die hohe Feinfühligkeit, die schnelle Reizüberflutung und das lange Nachhallen einen angemessenen Platz erhalten. Je mehr ein hochsensibles Kind im inneren Einklang mit sich selbst ist, desto besser können Stärken zum Tragen kommen. Dabei bekräftigen etliche Autoren wie Brigitte Schorr, Birgit Trappmann-Korr und Arnold Lohaus et al., wie wichtig ein optimales Erregungsniveau für die Entfaltung von Potenzialen ist.[11] Damit ist gemeint, dass ein Kind weder gelangweilt noch der Erschöpfung nahe ist. So schreiben Arnold

Lohaus et al.: „Es gibt ein optimales Erregungsniveau, auf dem man besonders gute Leistungen erbringt. Dies entspricht in der Regel einem mittleren Aktivierungsniveau, wobei individuelle Unterschiede des Aktivierungsspektrums zu berücksichtigen sind. Auch außerhalb von Leistungssituationen kann es präferierte Aktivierungsniveaus mit entsprechenden individuellen Unterschieden geben.“[12]

Das optimale Erregungsniveau entspricht einer Art innerem Gleichgewicht. Es ist kein konstanter Zustand, der einmal erreicht wird und dann für immer bleibt. Vielmehr heißt es in jeder Lebensphase und mit jeder Lebensveränderung, wieder neu Justierungen vorzunehmen, den Alltag mit den jeweiligen Bedürfnissen abzugleichen. Hochsensible Kinder sind herausgefordert, mit den Gegebenheiten in unserer Gesellschaft klarzukommen. Dies kann auch gelingen. Je mehr Unterstützung sie von wichtigen Bezugspersonen erhalten, desto größer die Chance, eine gesunde und stabile Persönlichkeit zu entwickeln.

## Die Relevanz des Umfelds

Eltern und Bezugspersonen haben einen wesentlichen Einfluss auf das Selbstbild des Kindes. Wie notwendig eine wertschätzende Grundhaltung ist, kann nicht deutlich genug formuliert werden. Damit einhergehend ist es wichtig, bestimmte Verhaltensweisen des Kindes nicht als falsch zu interpretieren. Im Alltag kann dies mitunter herausfordernd sein. Beispielsweise wenn das hochsensible Kind aufgrund einer Überreizung, großen Verunsicherung oder auch Scham bei einer Schulhospitation weder Blickkontakt zur Lehrkraft aufnimmt noch zu einem Gruß fähig ist oder wenn das hochsensible Kind die Großmutter nicht herzlich empfängt, weil der letzte Besuch bereits lange zurückliegt.

Solche Situation gehen auch an Eltern nicht spurlos vorüber. Es löst Gefühle aus, die sortiert werden wollen. Dieser Prozess auf Erwachsenenebene ist wichtig. Wenn ich weiß, warum mein Kind auf eine bestimmte Weise reagiert, was die Hintergründe sind, dann kann ich Lösungen und Hilfen ohne eine negative Stigmatisierung finden. Die Akzeptanz des Kindes und seiner Bedürfnisse, gepaart mit Ermutigung und Unterstützung, bietet die beste Voraussetzung für ein positives und gestärktes Selbstbild. Wenn Eltern die Bedürfnisse negieren, kann das beim hochsensiblen Kind Wut und Unsicherheit auslösen.

Klienten meiner Praxis befrage ich regelmäßig, ob sie mit ihrem Sprössling über die Hochsensibilität sprechen. Häufig erhalte ich zur Antwort, dass sie es nicht machen, denn es solle sich nicht anders fühlen als die anderen. Dieser Grundgedanke ist an sich gut nachvollziehbar. Gleichzeitig erlebe ich ununterbrochen, dass hochsensible Kinder sich per se anders fühlen – spätestens in der Pubertät. Wenn in einer Klasse 80 Prozent der Mitschüler auf eine Frage des Lehrers sofort die Hand strecken und Antworten ungefiltert von sich geben, während hochsensible Kinder noch reflektieren, ihre Antwort detailgetreu durchdenken und auf ihre Richtigkeit überprüfen; wenn 80 Prozent große Menschenansammlungen mögen und Ihr Kind nicht; wenn 80 Prozent während der Pubertät in die Medienwelt abtauchen, über die Stränge schlagen und sich ausprobieren und Ihr Kind lieber in der Komfortzone bleibt, dann wird es sich zwangsläufig anders fühlen. An dieser Stelle halte ich es für erforderlich, mit dem Kind über die verschiedenen Persönlichkeiten, Wesenszüge und Lebensweisen zu sprechen und ihm zu erläutern, wie seine Herangehensweise an Dinge ist und was es benötigt, damit der Alltag gut gelingen kann. Den Einstieg über den Begriff der „Hochsensibilität“ zu wählen, ist vermutlich nicht klug. Denn mit dem Ausdruck werden die wenigsten

Kinder etwas anfangen können. Stattdessen können Sie Ihrem Kind beschreibend erläutern, wie es zu bestimmten Denkweisen und Gefühlen kommt, was der Sinn dahinter sein könnte und was es benötigt, damit es ihm gut geht. So lernt Ihr Kind, seine andere Denk- und Handlungsweise positiv zu bewerten, ohne sein Gegenüber auf- oder abzuwerten.

## Stand der Forschung

Wie wichtig das Umfeld ist, bestätigen auch Forschungen zu diesem Thema. Die einzelnen Studien hier vorzustellen, würde den Rahmen und die praxisorientierte Ausrichtung dieses Buches sprengen. Dennoch möchte ich aktuelle Entwicklungen skizzieren, um die Relevanz des Umfeldes zu verdeutlichen.

In Untersuchungen lag das Augenmerk über lange Zeit auf dem Fokus, die Zusammenhänge zwischen einer hohen Sensibilität und einer hohen Verletzlichkeit (Vulnerabilität) zu klären. Dabei wurde festgestellt, dass hochsensible Menschen verstärkt Stressreaktionen zeigen. Die hohe Feinfühligkeit wurde als eine Verwundbarkeit mit erhöhtem Risiko für psychische Probleme verstanden.[13] Die Reaktion Hochsensibler auf positive Erfahrungen wie beispielsweise einem unterstützenden Elternhaus war lange kein Gegenstand der Forschung. Diese Sichtweise änderte sich durch Studien von Michael Pluess und Jay Belsky.[14] Sie fanden heraus, dass bestimmte Personen von positiven Erfahrungen besonders profitieren, und prägten den Begriff der „vantage sensitivity“ – einer Art ressourcenorientierte Hochsensibilität.[15] Pluess geht davon aus, dass eine „vantage sensitivity“ auf bestimmte Funktionsweisen im Nervensystem zurückzuführen ist, die in Zusammenhang steht mit Erfahrungen der frühen Kindheit.[16] Damit widerlegt er, dass Hochsensibilität immer mit einer hohen Verletzlichkeit einhergeht, und legt dar, dass sich durch eine positive, unterstützende Umgebung eine „vorteilhafte Hochsensibilität“ entwickeln kann.[17] Im Folgenden werden die vier Sensitivitätstypen nach Michael Pluess in einer Tabelle veranschaulicht[18]:

| Hochsensible Veranlagung nicht vorhanden | Hochsensible Veranlagung vorhanden | | |
|---|---|---|---|
| Jegliche Einflüsse des Umfelds | Neutrales Umfeld | Negativ orientiertes Umfeld | Unterstützendes Umfeld |
| Geringe Sensitivität | Generelle Sensitivität | Vulnerable Sensitivität | Vantage Sensitivität |

Mit diesen Forschungsergebnissen wird deutlich, dass hochsensible Menschen und damit auch hochsensible Kinder ihre Stärken entwickeln und einbringen können, sofern sie bereits in frühester Kindheit in ihrer Eigenart unterstützt werden und günstige Umweltbedingungen vorfinden. Hierzu gehört aus meiner Sicht, das Kind in seiner Art zu akzeptieren und notwendigerweise die wesentlichen Bedürfnisse in den Alltag richtig einzubetten.

An dieser Stelle sei noch erwähnt, dass der hier skizzierte aktuelle Stand der Forschung ein Bild der gegenwärtigen Erkenntnisse zeigt. Mit jeder neuen Studie können neue Einsichten folgen, die das Gesamtbild verändern und weiterentwickeln.

## 1.4 Abgrenzung zu Störungsbildern

Immer wieder werde ich in Beratungen gefragt, welche Kriterien zur Unterscheidung von Hochsensibilität und dem Aufmerksamkeitsdefizit-Syndrom oder auch Autismus herangezogen werden können. Die Forschung liefert hierzu leider bislang wenig gewinnbringende Erkenntnisse. Dennoch lassen sich Gemeinsamkeiten und Unterschiede feststellen, die an dieser Stelle zur Orientierung skizziert werden. Bei Unsicherheiten empfehle ich, professionellen Rat einzuholen.

### Hochsensibilität und das Aufmerksamkeitsdefizit-Syndrom

Starten wir mit der Frage, worin die Ähnlichkeiten und Unterschiede zwischen Hochsensibilität und dem Aufmerksamkeitsdefizit-Syndrom liegen. Beide Themenfelder wirken auf den ersten Blick gleichartig. Daher kommt es immer wieder zu Verwechslungen und Fehleinschätzungen, insbesondere wenn die Bereiche allzu schnell gleichgesetzt werden und keine sorgfältige Differenzierung vorgenommen wird. Während Pädagogen und Psychologen häufig den Vorwurf erhalten, sie hätten nur das Aufmerksamkeitsdefizit-Syndrom im Visier, bekommen Eltern nicht selten zu hören, sie würden die Existenz eines Störungsbildes negieren und die Hochsensibilität als angenehme Ausflucht wählen. Zum Wohl des Kindes halte ich es für notwendig, Vorwürfe und auch vorschnelle Stigmatisierungen abzulegen und den Status quo offen zu analysieren.

Zum Verständnis: Ein Aufmerksamkeitsdefizit-Syndrom (AD(H)S) ist eine Entwicklungsstörung, die in die Kategorie der klinischen Psychologie fällt. Das AD(H)S ist aufgegliedert in die drei Kernsymptome: Unaufmerksamkeit, Hyperaktivität und Impulsivität. Um ein AD(H)S diagnostizieren zu können, müssen mindestens zwei Kernsymptome betroffen sein, die sich durch alle Lebensbereiche (häusliches Umfeld, Freizeit, Schule etc.) ziehen.[19]

Sowohl die Hochsensibilität, welche in den Bereich der Persönlichkeitspsychologie fällt, als auch das AD(H)S haben eines gemeinsam: Die Wahrnehmungsfilter sind niedriger eingestellt und es liegt eine Reizoffenheit vor. Da hochsensible Kinder Informationen ganzheitlich wahrnehmen und verarbeiten und sie gleichzeitig über sehr viele Botenstoffe im Gehirn verfügen, bekommen sie die Menge an Reizen jedoch gut verarbeitet. Bei Überreizung kippt das Ganze und die sonst hoch konzentrierten hochsensiblen Kinder werden unaufmerksam und vergesslich, zeigen mitunter innere oder äußere Unruhe. Entscheidend ist, dass diese Merkmale aber *nur* in der Überstimulation in Erscheinung treten. Hochsensible haben eine unglaubliche Detailwahrnehmung, die AD(H)S-Kindern wiederum fehlt. Hochsensible Kinder arbeiten sehr genau und gewissenhaft. Sie verinnerlichen Regeln sehr schnell und halten sich auch daran. Zudem zeigt sich eine hohe Reflexionsgabe mit der Fähigkeit, Konsequenzen einschätzen zu können. AD(H)S-Kindern gelingt durchdachtes Handeln durch den Mangel an exekutiven Funktionen (kognitive Fähigkeiten, die für die Selbstregulierung und Kontrolle des Verhaltens erforderlich sind z. B. Entscheidungen treffen) nicht, wodurch sie meist impulsiv in ihrem Verhalten sind. Nebst diesem beobachtbaren Verhalten beschreibt Elaine N. Aron ergänzend, dass die Hirnaktivierung bei beiden Phänomenen eine andere ist. Durch bildgebende Verfahren wurde festgestellt, dass bei hochsensiblen Kindern vermehrt die rechte, bei AD(H)S-Kindern vermehrt die linke Hirnhälfte aktiviert ist.[20]

Als Fazit der bisherigen Erkenntnisse lässt sich sagen: Hochsensible haben eine hohe Konzentrationsfähigkeit, die nur dann kippt, wenn sie in eine Überstimulation kommen. Im Umkehrschluss bedeutet dies, dass sie ihre Fähigkeiten wie gute Gedächtnisleistung, Detailwahrnehmung, Reflexionsfähigkeit und Sorgfalt dann ausleben können, wenn sie in einem inneren und äußeren Gleichgewicht sind und keine übermäßigen Reize auf sie einströmen. Bei AD(H)S-Kindern sind die Verhaltensweisen wie Flüchtigkeitsfehler, Ablenkbarkeit und Vergesslichkeit hingegen durchgängig zu beobachten. Damit wird klar, wie wichtig Balance und Ausgewogenheit für hochsensible Kinder sind. Dies im Alltag zu erreichen, ist mitunter sehr herausfordernd.

## Hochsensibilität und Autismus

Auch zwischen der Hochsensibilität und einer Autismus-Spektrum-Störung (ASS) zeigen sich sowohl Übereinstimmungen als auch Unterschiede. Und auch hier ist es so, dass ein klinisches Störungsbild mit einem Wesenszug verglichen wird. An dieser Stelle einen längeren Diskurs anzubahnen, würde zu weit führen. Dennoch ist es mir wichtig, die wesentlichen Details zu skizzieren, damit Sie ein erstes Gespür für die Unterscheidung erhalten.

Eine ASS zeigt sich unter anderem mit folgenden Merkmalen[21]: Kinder mit einer ASS zeigen bereits in jungen Jahren anhaltende Defizite im Bereich der sozialen Kommunikation. Ihnen fällt es schwer, Kommunikation mit anderen Menschen aufzunehmen und Gespräche zu führen. Erschwerend kommt hinzu, dass ASS-Kindern die Fähigkeit fehlt, Mimik, Gestik und Körperhaltung des Gegenübers zu interpretieren. Der Kontakt zu Gleichaltrigen ist meist erschwert; auf Gefühle anderer reagieren sie nicht. Ihre Interessen sind sehr speziell und werden ungern mit anderen geteilt. Häufig treten Phobien, Schlaf- und

Essstörungen, Wutausbrüche und Aggressionen auf. Darüber hinaus können sich stereotype Verhaltensweisen und eine motorische Ungeschicklichkeit zeigen.[22]

Hieraus erschließen sich Gemeinsamkeiten, aber auch Unterschiede zwischen den beiden Phänomenen. Eine Analogie liegt insbesondere in der Reizfilterschwäche und damit auch der schnellen Reizüberflutung, aber auch in der sensorischen Empfindsamkeit. So können beispielsweise viele Umgebungsreize, eine hohe Lautstärke und bestimmte Lichtverhältnisse Stress auslösen. Zusätzlich können sich Abneigungen gegen bestimmte Geschmacksrichtungen, Konsistenzen, Geräusche, Gerüche oder Berührungen zeigen. Auch das Bedürfnis nach Ritualen ist bei beiden sehr hoch. Das Bedürfnis nach Sicherheit und Verlässlichkeit dominiert. Veränderungen bzw. Abweichungen des vertrauten Ablaufs stecken beide nur mühsam weg. Während Hochsensible durch ihre gute Anpassungsfähigkeit nach einer gewissen Zeit einen guten Umgang damit finden, zeigt sich bei Kindern mit einer ASS allerdings ein anhaltendes, unflexibles Festhalten an Routinen und Regeln.

Ein wesentlicher Unterschied zu hochsensiblen Kindern besteht wiederum darin, dass diese grundsätzlich über eine hohe Sozialkompetenz verfügen. Lediglich in neuen Situationen rückt diese Kompetenz kurzzeitig in den Hintergrund. Sobald die Aufwärmphase vollzogen ist und Sicherheit erlangt wurde, kommen die Kompetenzen wieder zum Vorschein. So zum Beispiel, wenn Hochsensible einen Kindergarteneintritt, einen Schulstart oder auch einen Schulübertritt zu bewältigen haben. Hochsensible Kinder verstehen Ironie und Metaphern, können Mimik deuten und daraus korrekte Rückschlüsse ziehen und verfügen über eine ausgeprägte Empathie. Kindern mit einer ASS fehlen diese Fähigkeiten. Gegensätzlich ist auch, dass hochsensible Kinder sehr emotional sind. Damit einhergehend zeigt sich ebenfalls eine hohe Begeisterungsfähigkeit. Insbesondere letztere fehlt Kindern mit einer ASS.[23]

Für den Laien mag eine Unterscheidung dennoch schwierig sein. Auch hier rate ich im Zweifelsfall dazu, geschulte Fachkräfte aufzusuchen, um gegebenenfalls eine Differenzialdiagnostik vornehmen zu lassen.

## 1.5 Zusammenfassung

Hochsensibilität bezeichnet ein Temperamentsmerkmal, bei dem Personen von Geburt an mit einem empfindsameren Nervensystem ausgestattet sind. Durch eine Reizfilterschwäche werden viel mehr Informationen über die Sinneskanäle aufgenommen und detailliert verarbeitet. Über welche Sinneskanäle verstärkt Reize aufgenommen werden, ist dabei von Person zu Person unterschiedlich. Dies erklärt auch, warum es unterschiedlichste Ausprägungen einer Hochsensibilität gibt. Durch die erhöhte Reizaufnahme kann es schneller als bei anderen Menschen zu Überreizung und Erschöpfung kommen. Regelmäßige Erholungsphasen sollten ein wichtiger Bestandteil im Alltag sein. Für Eltern und weitere Bezugspersonen hochsensibler Kinder bedeutet dies, gut im Blick zu halten, wann Zöglinge das innere Gleichgewicht verlieren. Dafür ist es notwendig, insbesondere nonverbale Anzeichen zu verstehen, zum Beispiel Jammern, Quengeln oder auch Emotionsausbrüche. Fühlen sich hochsensible Kinder verstanden und angenommen und ist ihr Energiehaushalt im Gleichgewicht, können sich Potenziale gut entfalten. Zu den Stärken hochsensibler Kinder gehört unter anderem eine hohe Empathiefähigkeit, ein differenziertes und ganzheitliches Denken, Sorgfalt und Verlässlichkeit.

Im Vergleich zu Störungsbildern gibt es keine Diagnose im klassischen Sinne. Mittels Fragebogen und einer ausführlichen Anamnese sowie optionalen Tests von Teilaspekten (z. B. Überprüfung der Sensorik) kann jedoch ein hochsensibles Profil erstellt werden. Dabei ist immer zu beachten, dass es nicht DIE Hochsensibilität gibt. Während die einen im kognitiven Wahrnehmungsbereich große Stärken haben, zeigt sich bei den anderen eine ausgeprägte emotionale Komponente. Auch die sensorischen Bereiche unterscheiden sich in ihren Variationen. Wichtig ist jedoch, dass alle Merkmale des DOES in irgendeiner Form und auch weitere Charakteristika zu erkennen sind.

Trotz wohlwollender und achtsamer Begleitung können Eltern während der Entwicklung ihres hochsensiblen Kindes immer wieder vor Herausforderungen gestellt sein, die unter Umständen allein nicht zu bewältigen sind. Beispielsweise wenn die Schlafprobleme überhandnehmen, wenn das Kind beginnt, jegliche Kontakte zu meiden, wenn es mit seiner Andersartigkeit nicht zurechtkommt oder es in der Pubertät die notwendige Ablösung nicht schafft, weil Sicherheit und Struktur wegbrechen. Daraus ergibt sich an der einen oder anderen Stelle die Frage: Ist das Verhalten meines Kindes noch normal oder zeigt sich eine Störung, die einer Therapie bedarf? Grundsätzlich verdeutlicht die Psychologin Elaine N. Aron, dass die Hochsensibilität per se ein positiv zu bewertendes Persönlichkeitsmerkmal und kein Krankheitsbild ist. Je besser Eltern, Bezugspersonen und Pädagogen auf die Eigenart des hochsensiblen Kindes eingehen, desto größer ist die Chance, dass das Kind die Herausforderungen des Lebens meistert und den Wesenszug der Hochsensibilität als Vorzug erlebt („vantage sensitivity“).

Der Versuch einer Desensibilisierung wirkt wiederum kontraproduktiv und kann psychische Probleme hervorrufen. Unabhängig davon kann es in Überforderungssituationen stets hilfreich sein, sich als Eltern Unterstützung von Fachkräften zu suchen, die sich auf das Thema Hochsensibilität spezialisiert haben.

Damit Sie als Eltern und Bezugspersonen Sicherheit in der Begleitung Ihres hochsensiblen Kindes erhalten, möchte ich die kommenden Kapitel den wesentlichen Aspekten des Alltags und ihren Herausforderungen widmen. Ziel ist es, dass Sie Ihr hochsensibles Kind auf dem Lebensweg gut begleiten und stärken können.

# 2. HOCHSENSIBLE KINDER STARK MACHEN

Ziel des vorangegangenen Kapitels war es, ein grundlegendes Wissen über die Zusammenhänge einer Hochsensibilität zu vermitteln. Höchstwahrscheinlich kennen Sie aus Ihrem Alltag bereits Situationen, die Sie durch Ihre neue Kenntnis besser einordnen können. Dennoch stellt sich zurecht die Frage: Was nun? Wie kann ich mein hochsensibles Kind stark machen für die Herausforderungen des Lebens? Wie stärke ich es so, dass die Vorzüge der Hochsensibilität zum Vorschein kommen und gelebt werden können? Georg Parlow, Autor des Buches *Zart Besaitet*[24], vergleicht die Hochsensibilität mit einem Präzisionswerkzeug und bringt es in folgendem Zitat gut auf den Punkt: „Es ist beeindruckend leistungsfähig in der Wahrnehmung, Verarbeitung und im kreativen Output. Doch leider wurde es ohne Gebrauchsanweisung geliefert.“[25] Vielleicht geht es Ihnen an der einen oder anderen Stelle auch so. Sie können die Ressourcen einer Hochsensibilität sehen, aber die „Gebrauchsanweisung“ für den Alltag fehlt. Wie jeder Handwerker von Grund auf lernt, mit neuen Gerätschaften umzugehen, um diese gut zu beherrschen, müssen wir auch in der Begleitung hochsensibler Kinder einen guten Umgang im täglichen Miteinander lernen.

Entscheidend ist dabei meines Erachtens in einem ersten Schritt, seine eigene pädagogische Position zu finden und zu kultivieren. In einem nächsten Schritt wird es dann wichtig sein, mit dem Kind gemeinsam zu erarbeiten, was es für sein inneres und äußeres Gleichgewicht bedarf und wie es Herausforderungen meistern kann.

Doch zunächst: Wenn Sie als Eltern wissen, was Ihr hochsensibles Kind bei der Bewältigung von Entwicklungsaufgaben benötigt, können Sie aus dieser Überzeugung heraus Entscheidungen treffen, entsprechend handeln und für Ihre Haltung einstehen. Denn nicht selten kommt es vor, dass das Umfeld (Familie, Nachbarn, Institutionen) scheinbare Lösungen auf herausfordernde Situationen Ihres Kindes parat hat, die aber an den Bedürfnissen oder auch an der Not eines hochsensiblen Kindes vorbeigehen, weder Linderung noch Lösungen bringen und letzten Endes nicht stärkend und persönlichkeitsfördernd wirken. So zum Beispiel, wenn ihr Kind gerade verunsichernde Zeiten hat und Ihre Nähe und Präsenz beim Ein- und Durchschlafen benötigt, während das Umfeld für eine Radikallösung plädiert.

Je klarer Sie als Bezugsperson wissen, auf welcher Basis Sie Entscheidungen treffen, worin der Sinn Ihres konkreten Handelns liegt und wie es Ihr hochsensibles Kind stärkt, desto weniger sind Sie angreifbar für Kritik, die nicht konstruktiv ist. Um diese Klarheit zu erlangen, benötigt es je nach Situation Ideen und Impulse, die sich an der Hochsensibilität Ihres Kindes orientieren. Welche Ausrichtung hierfür wichtig ist, soll in diesem Kapitel erörtert werden.

## 2.1 Wichtige Grundprinzipien

Hochsensible Kinder merken früher oder später, dass sie sich von anderen Menschen unterscheiden. Wird von vornherein offen darüber geredet, kann es dem Kind eine positive Sichtweise seiner Persönlichkeit vermitteln. So können bereits früh die Vorteile einer hochsensiblen Anlage hervorgehoben werden, zum Beispiel indem die detaillierte Wahrnehmung anerkannt und damit Wertschätzung ausgedrückt wird. Wenn das Kind bei einer turbulenten Familienfeier früher müde wird als Gleichaltrige und quengelt, weil es nach Hause möchte, ist es ungünstig zu sagen:

*„Reiß dich zusammen, schließlich spielen die anderen Kinder auch noch so schön miteinander. Was soll deine Oma von dir denken, wenn du jetzt das Jammern anfängst?"*

Viel besser ist es zu sagen:

*„Ich weiß, dass du heute schon sehr viel erlebt und alles genau beobachtet hast. Ich verstehe, dass du nach Hause möchtest. Aber ich möchte noch kurz mit deiner Tante reden. Das wird eine Viertelstunde dauern, dann können wir gehen."*

Dieses Beispiel zeigt sehr gut, wie wichtig einerseits das Verständnis und die Anerkennung für die Gefühlslage des hochsensiblen Kindes ist, andererseits nach einer Lösung geschaut werden darf, die für alle Beteiligten stimmig ist. Fühlt sich das hochsensible Kind in seiner Not verstanden, muss es sein Bedürfnis nicht vehementer und lauter darstellen, um gehört zu werden. Eine häufig auftretende, negative Spirale. Hochsensible Kinder haben persönliche Grenzen, die ernst genommen werden sollten. Versuche der Desensibilisierung nutzen den Kindern genauso wenig wie übermäßige Besorgtheit und Schonung. Dabei kann es für Eltern oft sehr herausfordernd sein, zwischen den Bedürfnissen des Kindes und gesellschaftlichen Anforderungen abzuwägen.

## Bedingungslose Wertschätzung

In einem meiner Vorträge begegnete ich vor vielen Jahren einem Vater, der mir erzählte, wie schwer ihm das Verhalten seines Sohnes falle. Er habe sich bei der Geburt sehr über einen Jungen gefreut und sich ausgemalt, welche Abenteuer sie gemeinsam erleben würden. Die Realität gestaltete sich anders. Sein Junge hatte das Bedürfnis nach Sicherheit und Ruhe. Bolzen auf dem Fußballplatz, kampieren unter freiem Himmel – all dies waren Stressfaktoren für den Jungen. Die Akzeptanz der Gegebenheiten war für den Vater ein Prozess, der Zeit benötigte.

Hochsensible Kinder erleben in ihrem Alltag leider allzu oft das ausgesprochene oder unausgesprochene Signal, dass sie nicht den Erwartungen entsprechen. Daraufhin werden die Kinder nicht selten dazu aufgefordert, sich anzupassen. Doch Anpassung ist für eine gesunde Entwicklung keine Lösung, genauso wenig wie Versuche der Desensibilisierung. Denken Sie an den afrikanischen Spruch: „Gras wächst nicht schneller, wenn man daran zieht."

In allerersten Linie benötigen hochsensible Kinder die Erfahrung, dass sie um ihrer selbst geliebt werden: ohne Bedingungen, Leistungen oder Erfolge. Dafür ist es unter anderem notwendig, das Temperament des Kindes und damit die Hochsensibilität anzunehmen und zu akzeptieren. Auf diese Weise können die Kinder eine Selbstachtung entwickeln, die den Stürmen des Lebens standhält. Verlässliche und liebevolle Bindungen sind maßgeblich für eine gute Entwicklung. Genauso wichtig ist es, die Eigenart eines Kindes zu akzeptieren. Was hochsensible Kinder dringend benötigen, ist ein Umfeld, das ihnen wohlwollend begegnet. Insbesondere deswegen, weil hochsensible Kinder mit sich selbst sehr kritisch umgehen, hohe Ansprüche haben und damit beschäftigt sind, es allen recht zu machen und keine Fehler zu begehen. Gehen Situationen schief, machen sie Fehler oder sind die Ängste zu groß und die Kinder schaffen es nicht, über ihren Schatten zu springen, sollten Eltern und Bezugspersonen unbedingt Milde walten lassen. Damit erfahren hochsensible Kinder eine Entlastung und lernen, dass sie so, wie sie sind, geliebt, gewollt und angenommen sind.

## Elterliches Einfühlungsvermögen

Wie oft sind unsere Gespräche verknüpft mit Bewertungen oder dem Wunsch, das Gegenüber von unserer eigenen Meinung zu überzeugen. Dieses Phänomen macht auch vor der Erziehung nicht halt. Erzählt uns ein Kind, dass die Unterwäsche kratzt, das Etikett stört, die Schuhe zu eng geschnürt sind, kann es vorkommen, dass wir seine Wahrnehmung übergehen und es von unserem Standpunkt überzeugen wollen. Schnell kommt ein *„Das kann doch gar nicht sein"* über die Lippen oder ein *„Stell dich nicht so an"*. Sätze, die hochsensible Kinder allzu oft hören. Gerade bei sensorisch empfindsamen Kindern fällt es Erwachsenen mitunter schwer, die Wahrnehmung des Kindes zu akzeptieren. Dabei ist die Akzeptanz ein wichtiger Schritt, damit das Kind sich selbst ernst nehmen kann und den Umgang mit seiner hohen Sensibilität lernt. Wenn das hochsensible Kind begriffen hat: *„Meine Wahrnehmung ist nicht verkehrt"*, hat es einen Meilenstein erreicht. In einem nächsten Schritt kann dann geschaut werden, was zu tun ist, um den schmalen Grat der Wohlfühlzone wiederherzustellen.

Wenn Ihr Kind das nächste Mal über Unannehmlichkeiten klagt, können Sie folgendermaßen vorgehen:

1. **Wahrnehmen:** Hören Sie genau hin, was die Kernaussage des Kindes ist.
2. **Annehmen:** Akzeptieren Sie die Aussage und reden Sie diese Ihrem Kind nicht aus.

3. **Spiegeln:** Wiederholen Sie das Gesagte in eigenen Worten. Vergewissern Sie sich, ob Sie Ihr Kind richtig verstanden haben.
4. **Lösungen suchen und umsetzen:** Wird ein hochsensibles Kind von seinen Emotionen überrollt, wird es in diesem Moment nicht fähig sein, Lösungen zu finden. Dies liegt daran, dass der Teil des Gehirns, der für die Emotionen zuständig ist, hochaktiv ist und einen Zugang zum Frontalhirn (zuständig für die Lösungsfindung) verhindert (vgl. den Abschnitt „Intensität der Emotionen", s. S. 88). Hier brauchen hochsensible Kinder die Unterstützung der Erwachsenen. Schlagen Sie mehrere Optionen vor, die das Problem des Kindes beheben könnten. *„Lass uns das Etikett abschneiden“, „Zieh doch die weiche Unterwäsche an“, „Lass uns die Schnürsenkel neu binden“.* Wichtig ist der Lerneffekt für das Kind: Es gibt für jedes Problem eine Lösung, es muss nicht in seinen unangenehmen Emotionen ausharren.

Diese Vorgehensweise wirkt sehr zeitaufwendig. Machen Sie sich keine Vorwürfe, wenn es nicht immer gelingt, nach diesen Schritten vorzugehen. Auch Sie als Eltern haben Emotionen, stehen unter Stress oder Zeitdruck. Aber wann immer Sie sich in der Lage dazu fühlen, trainieren Sie diese Art der Kommunikation. Mit der Zeit kann sich das Verhalten automatisieren und für ein entspannteres Miteinander sorgen.

## Familiäre Botschaften

Die grundlegende Bedeutung der Eltern für die Entwicklung eines Individuums steht außer Frage. Eine gesunde Atmosphäre im Elternhaus fördert eine stabile Persönlichkeitsentwicklung. Doch wie entsteht ein positives, familiäres Klima?

Es kann lohnenswert sein, sich einmal Gedanken über die Botschaften zu machen, die wir im Alltag vermitteln. Ist es ein *„Du fühlst/denkst genau richtig"*, ein *„Wenn du dich anpasst, wirst du angenommen"* oder *„Sei nicht so sensibel"*? Familiäre Botschaften beeinflussen die Grundhaltung eines Kindes und sind mitverantwortlich für den Aufbau von Selbstwert.

Hochsensible Kinder sind besonders empfänglich, weil sie Aussagen stärker wahrnehmen, auch wenn diese nicht direkt kommuniziert werden. Denkt man dies bis zum Ende weiter, so stellt man fest, dass Botschaften Glaubenssätze konstituieren, welche die komplette Erlebenswelt beeinflussen.

Stellen Sie sich vor, ein hochsensibler Junge liebt die Detailverarbeitung, ist ein ganzheitlicher Denker und jemand, der sehr präzise vorgeht – per se durchweg positive Eigenschaften. Für diesen Denk- und Arbeitsstil benötigt er Zeit. Wenn in der Schule allerdings Aufgaben unter Zeitdruck erledigt werden sollen, kann die positive Einschätzung schnell mal kippen. Insbesondere dann, wenn der Junge schon des Öfteren die Botschaft *„Du bist viel zu langsam, mach endlich schneller, du trödelst immer"* zu hören bekommen hat. Liegen bereits Botschaften mit beurteilenden Aussagen zugrunde, kann es sein, dass der Junge trotz seiner positiven Herangehensweise an Aufgaben eine Bewertung vornimmt, die ihm schadet: *„Wusste ich es doch, ich bin eine lahme Ente."* Botschaften aus dem Umfeld entwickeln sich also zu Glaubenssätzen, die sich zu verinnerlichten Annahmen über uns selbst und unserer Umwelt entwickeln. Sie verändern den Fokus und beeinflussen die Wahrnehmung. Zukünftige Situationen werden mit einem entsprechenden Filter wahrgenommen.

Der Junge in unserem Beispiel wird vermutlich immer wieder bemerken, dass er langsam ist. Momente, in denen er aufgrund seines vernetzenden Denkens Erfolg hat, wird er nicht in gleichem Maß realisieren. Auf diese Weise entsteht ein Kreislauf, der vermittelte Grundannahmen kontinuierlich bestätigt und den entsprechenden Glaubenssatz bekräftigt. Diese Abfolge erleben alle Menschen. Hochsensible Kinder sind deswegen so empfänglich, weil sie viel akkurater wahrnehmen, Aussagen mehr gewichten und durch ihr gutes Gedächtnis tiefer abspeichern.

Ich denke, es wird deutlich, warum es notwendig ist, auf unsere Worte zu achten. Welche Denkstrukturen fördern wir in unseren hochsensiblen Kindern? Welche neuronalen Verschaltungen ermöglichen wir ihnen im Alltag?

## 2.2 Erziehungsziele

Eltern sind in der Erziehung ihres Kindes kontinuierlich herausgefordert, kurzfristige und längerfristige Entscheidungen zu treffen, abzuwägen, welche Wertmaßstäbe gelten sollen und in welche Richtung die Entwicklung des Kindes fortschreiten soll. In Gesprächskreisen für Eltern hochsensibler Kinder stelle ich dabei immer wieder fest, wie unterschiedlich Dinge gehandhabt werden. Dies verdeutlichen folgende Aussagen:

*„Dein Kind holt seine Pommes im Schwimmbad nicht allein? Diesen Lernprozess finde ich wichtig, darauf lege ich Wert.“ – „Also mein Kind muss nicht auf einen Kindergeburtstag, wenn es da nicht hinmöchte.“ – „Mein Kind muss auf jeden Fall in die Schule gehen, auch wenn es ihm nicht gut geht. Es sollte nicht lernen, sich zu drücken.“ – „Meine Tochter darf so lange in unserem Bett schlafen, bis*

*sie so weit ist, dass sie in ihrem eigenen schläft." – „Also ich könnte nicht mit meinem Kind in einem Zimmer schlafen. Mir war es wichtig, dass es von Anfang an separat schläft."*

Hier wird offensichtlich, wie sehr alltägliche Entscheidungen sowohl von den eigenen Wertmaßstäben als auch von den eigenen Kräften und Umsetzungsmöglichkeiten abhängen. Ein Richtig oder Falsch gibt es meiner Ansicht nach nicht, allerhöchstens ein vorteilhaftes oder ein ungünstiges Vorgehen. Um seine eigene Linie zu finden, lohnt es sich meines Erachtens, vom Ziel her zu denken. Wo soll die Reise hingehen? Was will ich am Ende erreichen? Wo sehe ich mein Kind in ein paar Jahren? Und wie kann ich diese Ziele erreichen?

Ein kurzfristiges Ziel kann beispielsweise sein, dem hochsensiblen Kind beim Regulieren seiner Emotionen zu helfen und immer wieder für eine innere wie äußere Balance zu sorgen, insbesondere dann, wenn das Kind noch nicht über Selbstregulationsstrategien verfügt. Ein langfristiges Ziel wäre folglich, Skills zu vermitteln, die es ihm ermöglichen, sich selbst zu regulieren.

Ein weiteres Hauptziel in der Erziehung kann die Kompetenzentwicklung sein. Von Bedeutung ist dabei, die Komfortzone zu erweitern. Das ist notwendig, damit das hochsensible Kind Herausforderungen des Alltags gut meistern kann.

Ein Beispiel: Die feinfühlige Julia spricht ungern vor Menschen. Sie ist ganz in ihrer Komfortzone, wenn sie für sich lernen kann. In der Schule steht allerdings das Halten eines Referates vor der Klasse an. Wie sie das bewältigen soll, weiß sie nicht. Dafür braucht sie Strategien. Haben Eltern das Langfristziel der Kompetenzentwicklung, kann es ein kurzfristiges Ziel sein, Julia Methoden an die Hand zu geben, die ihr bei der Bewältigung der Aufgabe helfen. Auf diese Weise kann ihre Persönlichkeit wachsen.

Wichtig in diesem Zusammenhang ist, das jeweilige Temperament zu akzeptieren und ernst zu nehmen. Während ich zum

Beispiel das eine Kind spontan mit seiner Großmutter für eine Woche in die Ferien schicken kann, benötigt das hochsensible Kind detaillierte Informationen für sein Sicherheitsgefühl und die Möglichkeit einer „Aufwärmphase". Und selbst unter viel Vorbereitung kann es sein, dass das hochsensible Kind schlicht in eine Panikzone verfällt, weil die Herausforderung zu groß ist. In diesem Zustand kann keine Kompetenzentwicklung stattfinden. Hier gilt zu beachten, dass hochsensible Kinder in jedem Fall kleinschrittige Vorgehensweisen benötigen und manches unter Umständen nicht in Erwägung gezogen werden sollte.

Es ist in jedem Fall sinnvoll, die Zielsetzungen immer am Temperament auszurichten. Sonst bauen wir Erwartungen auf, die ein Kind zum entsprechenden Zeitpunkt möglicherweise nicht erfüllen kann. Die Folge sind Stress, Frustration und ein sinkendes Selbstwertgefühl.

## Was bedarf es für eine gesunde Entwicklung?

Werfen wir gemeinsam einen Blick auf die Grundvoraussetzungen, die es braucht, um einem Kind eine gute Persönlichkeitsentwicklung zu ermöglichen. Was ist notwendig, damit es seelisch gesund aufwächst und seine Stärken in unserer Gesellschaft und in seinem konkreten Umfeld einsetzen kann? Welcher Voraussetzungen bedarf es, damit Heranwachsende aufblühen? Schauen wir uns einmal die Entwicklungsziele der Weltgesundheitsorganisation (WHO) an. Ihre Definition psychischer Gesundheit lautet: „Geistige Gesundheit setzt beim Individuum die Gewohnheit voraus, harmonische Beziehungen mit anderen zu knüpfen und teilzunehmen an oder beizutragen zu den Veränderungen des sozialen oder physischen Milieus. Sie schließt in gleicher Weise auch die harmonische und ausgeglichene Lösung der Konflikte in der Auseinandersetzung zwischen den verschiedenen eigenen Triebtendenzen mit ein. Sie erwartet außerdem vom Individuum, den Charakter in der Art zu entwickeln, dass sich seine Persönlichkeit entfaltet, indem es sich seinen Trieben öffnet, die Konflikte auslösen können, und ihnen ein harmonisches Ausdrucksfeld in der vollständigen Realisierung seiner Möglichkeiten schafft."[26]

Diese Erläuterung weist auf vier wesentliche Bereiche hin, die in Zusammenhang mit psychischer Gesundheit stehen:

Beziehungsfähigkeit, Veränderungsfähigkeit, Konfliktfähigkeit sowie Persönlichkeitsentfaltung.

### › *Beziehungsfähigkeit*

Der Mensch ist ein Beziehungswesen. Von Geburt an ist er auf Beziehungen zu anderen Menschen angewiesen und kann ohne zwischenmenschliche Kontakte nicht leben. Gelingende und befriedigende Beziehungen sind wichtig für das psychische Wohlbefinden eines Menschen.

### › *Veränderungsfähigkeit*

Das Leben eines Menschen ist gekennzeichnet von unterschiedlichen Phasen und sich stetig verändernden Situationen. Jeder ist letztlich im Laufe des Lebens Veränderungen ausgesetzt. Diese Veränderungsprozesse sind ein Zeichen von Leben, von Wachstum und Reife. Starrheit dagegen ist ein Kennzeichen mangelnder Vitalität. Jede Veränderung bedeutet aber ein Risiko, da gesicherte Positionen aufgegeben werden müssen, um Neues zu erhalten.

### › *Konfliktfähigkeit*

Konflikte gehören zur menschlichen Existenz und lassen sich weder verhindern noch ignorieren. Sie ergeben sich durch das Hin- und Hergerissensein zwischen unterschiedlichen, sich widersprechenden Motiven und der Angst vor den Konsequenzen, die sich aus einer Entscheidung ergeben könnten. Diese innere Zerrissenheit führt oftmals zu Unentschlossenheit und Verdrängung.

### › *Persönlichkeitsentfaltung*

Wie bereits erwähnt, ist menschliches Leben gekennzeichnet durch unterschiedliche Lebensphasen, fortwährende Veränderungen und ständige Weiterentwicklung. Ziel eines jeden Menschen sollte es sein, sich in den aufeinanderfolgenden Lebensabschnitten zurechtzufinden und sich für die jeweiligen Phasen adäquate Methoden anzueignen, um anstehende Aufgaben bewältigen zu können. Diese Entwicklung bewirkt, dass die Persönlichkeit reift, und leistet somit einen entscheidenden Beitrag zu psychischem Wohlbefinden.

Was halten Sie von diesen Kompetenzen? Erachten Sie die Faktoren ebenfalls als erstrebenswert und realistisch, auch für hochsensible Kinder? Würden Sie diese auf Ihre eigene Zielliste setzen?

## Kompetenzen gemeinsam entwickeln

Es ist ein großer und achtenswerter Wunsch von Eltern und Bezugspersonen, ihre Kinder in der Entwicklung so zu unterstützen und zu stärken, dass ein gesundes Selbstvertrauen entsteht, Ressourcen sich entfalten und eine Selbstverwirklichung möglich ist. Die Aufgabe der Eltern ist es hierbei, Wegbegleiter zu sein. Wer nun denkt, es benötigt für diese hohen Ziele immer und überall viel Zeit, der irrt sich. Oft sind es die kleinen Weichenstellungen, die kleinen Augenblicke und Begegnungen, die den Weg in die richtige Richtung bahnen. Manchmal sind gerade die alltäglichen Momente die größten Lehrmeister. Und häufig sind die beste Gelegenheiten für Wachstum genau die Zeitpunkte, in denen Sie sich als erwachsene Person inkompetent, gestresst und emotional fühlen. Beispielsweise wenn Ihr hochsensibler Sohn mit seinem kleinen Bruder in einen heftigen Streit gerät, weil dieser seine ausgeklügelte Legokonstruktion zerstört. Momente, in denen die Emotionen so hochkochen, dass Sie nur im Überlebensmodus sind und die Streithähne räumlich trennen wollen. Doch was wäre, wenn es Ihnen ein erstes Mal gelingt, über eine respektvolle Kommunikation, mit der Beachtung einzelner Sichtweisen und Bedürfnisse, über Verhandeln und dem Lösungen-Finden einen anderen Weg einzuschlagen? Es wäre sicherlich ein Gewinn für die Konfliktfähigkeit Ihres hochsensiblen Kindes.

Es sind nicht die großen Momente und Entscheidungen, die letztlich prägen, sondern die gemeinsam manchmal hart erkämpften Augenblicke. Nicht immer ist die Kraft vorhanden, Szenen so aufzulösen. Feiern Sie dennoch jede Situation, die Wachstum ermöglicht.

Nehmen wir nun ein paar Ziele ins Visier. Dazu gehören, soziale Fertigkeiten auszubauen, die Veränderungsfähigkeit zu fördern, die Konfliktfähigkeit zu trainieren und die Persönlichkeitsentfaltung zu unterstützen.

Hochsensible Kinder entwickeln eine gesunde Selbstachtung, wenn sie die Erfahrung machen, dass sie Freunde gewinnen und Respekt erlangen können. Meines Erachtens haben hochsensible Kinder viele wertvolle Eigenschaften, die für tragbare Freundschaften wichtig und förderlich sind: Sie haben häufig eine hohe Sozialkompetenz, die ihnen meist selbst nicht bewusst ist. Sie sind treu, zuverlässig, mit hoher Empathie ausgestattet, nehmen die Bedürfnisse ihres Gegenübers ernst, drängen sich nicht in den Vordergrund, hören gut zu und sind kreativ. Wer möchte nicht gerne Freund eines solchen Kindes sein? Trotz dieser Ressourcen, die ein hochsensibles Kind mitbringt, kann es an der einen oder anderen Stelle Hürden geben, die zu überwinden sind. Hierzu gehören unter anderem folgende Eigenschaften:

### › Die Introversion

Eine Grundeigenschaft introvertierter Menschen ist es, dass sie Kraft schöpfen aus dem Alleinsein und dem Eintauchen in das eigene tiefe Innenleben. Außenkontakte erachten sie als nicht dringend erforderlich. Nichtsdestotrotz ist das Knüpfen von Freundschaften sehr wichtig, um sich soziale Fertigkeiten anzueignen und Selbstwirksamkeit aufzubauen. Merken Eltern, dass ihr Kind von sich aus kaum Kontakte knüpft, ist ein unterstützendes, achtsames Eingreifen sinnvoll. Wichtig ist, dabei das Prinzip des Drei-Zonen-Modells zu beachten. Kommen Sie den Bedürfnissen des Kindes entgegen, indem die Kontakte beispielsweise zeitlich limitiert sind, die Treffen in einem ruhigen Umfeld oder auch in der Komfortzone zu Hause stattfinden und indem Sie die Spielpartner gut auswählen. Erlauben Sie Ihrem

Kind auch, sich kurz aus der Spielsituation zu entfernen, wenn es ihm zu viel wird. Dies ist wichtig, um eine Selbstregulation zu erlernen.

### › Präferenz von Einzelkontakten

Hinzu kommt, dass hochsensible Kinder sich ungern in Gruppensituationen begeben und dadurch wenig positive Erfahrungen sammeln können, die für den Erwerb von sozialen Fertigkeiten, Selbstachtung und Selbstbehauptung notwendig sind. Hier ist es sinnvoll, gemeinsam mit dem Kind nach einem Hobby zu suchen, das seine Stärken betont und gleichzeitig die Sozialkompetenz fördert, wie das Musizieren in einer Musikgruppe, der Besuch einer Pfadfindergruppe oder des Sportvereins. Beim Sport sollten Sie beachten, dem widerstrebenden Bedürfnis nach Wettkämpfen Rechnung zu tragen. So kann es sein, dass hochsensible Kinder zwar zum Schwimmen animiert werden können, Schwimmwettkämpfe aber unnötigen und kontraproduktiven Druck aufbauen würden.

### › Die Art des Auftretens

Hochsensiblen Kindern fällt es mitunter schwer, Kontakt zu Fremden aufzunehmen, die Hand bei der Begrüßung zu geben, klar, deutlich und laut zu sprechen. Eigenschaften, die zur Anbahnung einer Konversation hilfreich sind. Für das Gegenüber kann es sehr irritierend wirken, wenn auf die Kontaktaufnahme keine Resonanz erfolgt. Eltern berichten mir des Öfteren, dass gleichaltrige Kinder irritiert sind, wenn sie auf das hochsensible Kind zugehen und keine Rückmeldung bekommen. Dies wird dann manches Mal als Ablehnung interpretiert oder als Desinteresse, Ignoranz oder Hochnäsigkeit fehlinterpretiert. Von daher ist es sicherlich von Nutzen, diese Fertigkeiten zu Hause trainieren. Je spielerischer, umso besser, weil so kein Druck auf Ihr Kind ausgeübt wird.

Ebenfalls spielerisch kann die Artikulation geübt werden. Viele hochsensible Kinder sprechen aus Vorsicht und Unsicherheit sehr leise. Das führt oft dazu, dass sie von anderen weniger beachtet oder überhört werden. Dem können Sie aber vorbeugen.

### › Die Anspruchshaltung

Wie bereits erwähnt, haben hochsensible Kinder einen sehr hohen Anspruch an sich selbst. Leidet ein anderes Kind, ist es für das hochsensible Kind selbstverständlich, Unterstützung zu gewähren. Nachvollziehbar, dass der Wunsch nach Gegenseitigkeit vorhanden ist. Leider sind viele andere Kinder nicht so umsichtig. Ihr Verhaltenssystem ist anders geprägt. Unter anderem sind sie spontaner in ihren Entscheidungen und mehr auf sich bedacht. Dies kann Enttäuschungen hervorrufen, die wiederum dazu führen, dass sich das hochsensible Kind zurückzieht.

Erklären Sie Ihrem Kind immer wieder, dass es unterschiedliche Typen und Temperamente gibt, dass andere Kinder nicht unbedingt böswillig agieren und ihr Verhalten auch nicht persönlich zu nehmen ist. Ermutigen Sie Ihr Kind kontinuierlich, an Kontakten dranzubleiben und nicht aufzugeben. Suchen Sie, sofern Ihr Kind dies nicht von allein macht, nach Spielkameraden, die dem Naturell Ihres Kindes entsprechen, und forcieren Sie diese Kontakte.

## Veränderungsfähigkeit fördern

Hochsensible Kinder haben eine angeborene Neigung, die Lage zunächst genau zu sondieren, bevor sie aktiv werden und handeln. Jede neue Situation wird zunächst kritisch betrachtet. Bis ins Detail wird überprüft, ob eine Situation oder Neuerung riskant ist. Dabei dienen dem Kind in der Regel folgende Überlegungen als Orientierung:

- „Wie sicher bin ich, wenn ich mich jetzt auf das einlasse?"
- „Bin ich der Situation gewachsen?"
- „Kann die Situation einen guten Ausgang nehmen?"

Diese Fragen stellen sich hochsensible Kinder sowohl in alltäglichen, für uns Erwachsene selbstverständlichen Situationen wie dem eigenständigen Gang zum Bäcker, um die heiß geliebten Kuchen zu kaufen, als auch bei großen Veränderungen, die den Eintritt in eine neue Lebensphase bedeuten, zum Beispiel beim Eintritt in Kindergarten und Schule oder beim Studienstart an der Uni. Damit hochsensible Kinder den Sprung in neue Situationen leichter wagen, können folgende Vorgehensweisen hilfreich sein:

### › Vorbereiten der Situation (Chancen, Risiken, Abläufe)

Bereiten Sie neue Situationen mit hochsensiblen Kindern vor, indem sie mit ihnen sprechen, Rollenspiele durchführen etc. Überraschungen und Spontanaktionen lösen bei hochsensiblen Kindern Stress aus und belasten sie unnötig. Jedes Gespräch, jeder Hinweis und jede zusätzliche Information über das, was sie erwartet, bedeuten für Hochsensible mehr Sicherheit und damit weniger Grund zur Sorge. Steht für Ihr Schulkind zum Beispiel eine Klassenfahrt mit Übernachtung in einer Jugendherberge an? Dann erkundigen Sie sich bereits im Vorfeld gemeinsam, welche Zimmergrößen die Herberge hat, mit wem Ihr Kind das Zimmer teilen könnte, um sich wohlzufühlen, wie die Mensa ausgestattet ist und welche Rückzugsorte es geben könnte.

Ein anderes Beispiel: Wird Ihr Kind an einem Schwimmkurs teilnehmen? Besuchen Sie das Schwimmbad vorab, erläutern Sie ihm die Anlage, den Ablauf des Trainings etc. Oder wollen Sie an einen unbekannten Ort in den Urlaub und Ihr Kind sträubt sich dagegen? Schauen Sie sich im Internet Bilder zur Ferienanlage an, erzählen Sie von den Möglichkeiten, die Ihr Kind dort hat, und wie es seinen Interessen nachgehen kann. Klären Sie also grundsätzlich möglichst viele der offenen Fragen Ihres hochsensiblen Kindes und minimieren Sie damit vorhandene Unsicherheiten oder Ängste. Je mehr Zeit Sie im Vorfeld investieren, umso gelassener kann das Kind auf die unbekannte Situation zugehen.

### › Lassen Sie bei großen Veränderungen so viel wie möglich beim Alten

Im Leben eines hochsensiblen Kindes wird es immer wieder Momente geben, in denen es vor größeren Veränderungen steht. Sei es ein bevorstehender Umzug, der Wechsel in eine weiterführende Schule oder der Todesfall des heiß geliebten Opas. Werden hochsensible Kinder mit herausfordernden, neuen Situationen konfrontiert, benötigt es unbedingt Sicherheitsanker. Solche Anker können Rituale sein, präsente Bezugspersonen oder auch Gegenstände, mit denen sie emotional verbunden sind. Dienlich ist alles, was Sicherheit schafft sowie Ängste und Sorgen minimiert.

Sollten Sie zum Beispiel umziehen, so richten Sie das Zimmer Ihres Kindes am besten wieder genau gleich ein, damit ihm hier eine kleine Komfortzone zur Verfügung steht. Wenn Sie an einem unbekannten Ort Urlaub machen, behalten Sie gewisse Rituale (z. B. Abendrituale) bei. Achten Sie darauf, dass besonders in Zeiten des Neubeginns gleichbleibende Elemente zu finden sind. Diese sind wie ein Anker für das hochsensible Kind und bieten ein Mindestmaß an Sicherheit, die so dringend benötigt wird.

### › Entwickeln Sie ein einladendes „Wenn-dann"-Gespräch

Hochsensible Kinder machen sich sehr viele Gedanken. Stehen Veränderungen an, kann es unter Umständen zu ausgeprägten Grübeleien kommen. Von allen Seiten werden Stolperfallen und Hürden durchdacht mit dem Ziel, Sicherheit über die Situation zu erlangen. Für Ihr Kind kann es hilfreich sein, wenn es mit seinen Gedankengängen nicht allein ist. Nehmen Sie Fragen, Sorgen und Gefühle des Kindes ernst. Bieten Sie ihm Lösungsideen an, wenn es durch Sorgen in seiner Handlung blockiert ist. *„Wenn dich dein Cousin bei der Familienfeier ärgert, dann setz dich zu deiner Lieblingstante."* – *„Wenn alle Stricke reißen und du es nicht mehr aushältst, hole ich dich vom Zeltlager ab."* – *„Wenn dir das Essen in der Jugendherberge nicht schmeckt, dann gibt es an der nächsten Straßenecke einen McDonald's."* Diese gemeinsame Erarbeitung von Lösungsstrategien wird Ihrem Kind helfen, Herausforderungen zu bewältigen.

An dieser Stelle noch ein Hinweis: Extrovertiert hochsensible Kinder (ca. 30 Prozent) sind insgesamt wagemutiger, experimentierfreudiger und abenteuerlustiger. Ihnen fallen Veränderungen per se leichter.

Hochsensible Kinder besitzen ein ausgeprägtes Harmoniebedürfnis. Sie sind sehr stark darauf bedacht, es allen recht zu machen, Trost zu spenden, zu helfen und sich für andere einzusetzen. Dabei stellen sie ihre eigenen Bedürfnisse in den Hintergrund. Hochsensible Kinder spüren Enttäuschungen ihres Gegenübers blitzartig und fühlen sich verantwortlich für die Gefühle des anderen. Bereits ein Blick oder Tonfall kann sie in innere Alarmbereitschaft versetzen. Auch schlichte Neckereien nehmen hochsensible Kinder sehr ernst und reagieren oft ungewöhnlich emotional darauf. Gleichzeitig erleben sie eigene Gefühle wie Wut, Enttäuschung und innere Verletzungen viel intensiver. In Summe führt dies häufig dazu, dass sie Situationen vermeiden, die konfliktträchtig sein könnten. Für hochsensible Kinder ist es wichtig zu lernen, auf sich und die eigenen Bedürfnisse zu achten, Grenzen zu ziehen, Nein zu sagen und sich selbst zu behaupten. Hierfür bedarf es einiger wesentlicher Aspekte, die Beachtung finden sollten.

### › Selbstachtung

Am wichtigsten ist meines Erachtens die Selbstachtung. Hochsensible Kinder dürfen lernen, ihre Anliegen ernst zu nehmen und diese auch zu vertreten. Hat ein hochsensibles Kind wenig Selbstbewusstsein, wird es sich selbst mit all seinen Wünschen hintanstellen.

Selbstachtung zu lernen bedeutet, Verantwortung für sich selbst zu übernehmen. *„Ich habe jetzt selbst Hunger, deswegen werde ich dir mein Pausenbrot nicht komplett überlassen.“ – „Ich möchte nicht beim Abschreiben erwischt werden und eine schlechte Note kassieren, bei mir* *kannst du nicht spicken.“ – „Ich möchte dir das Spiel nicht ausleihen, weil ich es gerade selbst nutze.“* So oder so ähnlich können Szenen aussehen, in denen hochsensible Kinder ihre eigenen Bedürfnisse durchsetzen, weil sie gelernt haben, sich selbst wichtig zu nehmen.

Eltern können die Selbstachtung fördern, indem dasjenige Verhalten positiv verstärkt wird, das von Selbstachtung geprägt ist. Gleichzeitig kann das Kind immer wieder ermutigt werden, für sich einzustehen – wenn nötig auch mit Unterstützung des Erwachsenen. Ziel ist es, eine Ausgewogenheit zwischen Nächstenliebe und Selbstliebe zu erreichen, bei der das Motto gilt: *„Ich bin okay – du bist okay.“* Das bedeutet, meine Bedürfnisse und deine Bedürfnisse sind gleich wichtig und wir schauen, wie wir zu einer Lösung kommen.

### › Grenzen setzen lernen – Nein sagen können

Um Konflikte adäquat zu lösen, ist es notwendig, Grenzen zu ziehen und Nein sagen zu können. Hochsensiblen Kindern fällt dies sehr schwer, weil sie Spannungen lieber umgehen. Die Folge ist eine Anpassung, die nicht immer gute Auswirkungen hat. Wer sich lange alles gefallen lässt oder mitmacht, um dazuzugehören, und wer zu Grenzüberschreitungen schweigt, bei dem staut sich nicht selten eine unerträgliche Spannung an; Stresshormone werden freigesetzt. Die Folgen können je nach Veranlagung unterschiedlich sein. Manche Kinder zeigen psychosomatische Beschwerden (Migräne, Bauchschmerzen, Allergien), andere wiederum explodieren (z. B. durch Wutausbrüche), implodieren (Rückzugsverhalten, Bitterkeit, Isolation) oder zeigen psychische Folgen (Depression, Ängste, Aggressionen). Um diese Auswirkungen zu vermeiden, sollten Sie als Eltern Ihrem Kind unbedingt beibringen, zu seinem Anliegen zu stehen.

### › Disharmonie aushalten

Um Grenzen ziehen zu können, ist es notwendig, äußere und innere Spannungen auszuhalten. Dies schaffen hochsensible Kinder nur, wenn sie genügend Selbstachtung und Eigenverantwortung entwickelt haben. Vermitteln Sie Ihrem Kind, dass Menschen, die sich selbst ernst nehmen, zwar kurzfristig anecken, längerfristig aber an Ansehen gewinnen.

### › Kommunikationsfähigkeit einüben

Je geschickter hochsensible Kinder sich durch Sprache, Körper und Mimik ausdrücken können, desto leichter gelingt ihnen die Abgrenzung. Trainieren Sie mit Ihrem Kind spielerisch, wie Körperhaltung, Blickkontakt und Stimme sein sollten, um ernst genommen zu werden. Hochsensible Kinder stehen sonst in der Gefahr, während der Äußerung einer Bitte wegzuschauen oder zu leise zu sprechen und damit nicht ausreichend beachtet zu werden.

### › Abgrenzung trainieren

Für hochsensible Kinder ist es wichtig, Grenzsetzungen auf unterschiedlichen Ebenen vorzunehmen und ganz bei sich zu bleiben. Dies lässt sich im Alltag trainieren, indem Situationen besprochen und wegweisende Fragen (siehe unten) gestellt werden.

### *Mentale Abgrenzung*

Hochsensible Kinder übernehmen häufig Verantwortung für die Gefühle anderer. Um einer Überlastung vorzubeugen, helfen folgende Fragen:

- Sind das meine Gefühle und Gedanken? Oder fühlt mein Gegenüber so?
- Möchte ich so handeln oder es ganz anders machen?
- Ist das meine körperliche Empfindung oder die meines Gegenübers?
- Wer hat in dieser Situation die Verantwortung?

### *Kommunikative Abgrenzung*

Damit hochsensible Kinder in Gesprächen Grenzen setzen können, benötigen sie Hilfestellung. Hierzu können folgende Hinweise helfen:

- Triff prägnante Aussagen wie „ich möchte“, „ich mache das nicht“.
- Vermeide den Konjunktiv, da dieser unklar ist, wie z. B. „wäre, würde“.
- Stehe zu Aussagen, auch wenn der andere dich enttäuscht anschaut.
- Habe Mut zum klaren Nein.
- Benutze keine weitschweifigen Erklärungen.

Wo nötig, kann es auch heißen, sich aus einer Situation zurückzuziehen, um sich von einer Sache abzugrenzen.

## Persönlichkeit entfalten – Selbstvertrauen stärken

Eine Persönlichkeitsentfaltung ist dann vorhanden, wenn eine Person seine individuellen Anlagen, Fähigkeiten und Begabungen entdeckt, kultiviert und in seinem Leben einsetzen kann. Wie der Begriff der Entfaltung bereits andeutet, ist dies kein Zustand, der von jetzt auf gleich eintritt. Vielmehr ist es ein Prozess, der im Leben nie ganz abgeschlossen ist. Gut vergleichbar ist dieser Entwicklungsvorgang mit dem Wachstum einer Blume, die mehrere Stadien durchläuft und bestimmte Bedingungen vorfinden muss, um zur Blüte zu gelangen.

Damit ein Kind aufblühen kann, benötigt es die mehrfach erwähnten Grundbedingungen, wie beispielsweise die bedingungslose Annahme. Aber auch günstige, äußere Umstände sind notwendig, die ein Heranwachsen und Florieren ermöglichen. Als Eltern und Bezugspersonen können wir die Grundbedingungen wesentlich beeinflussen. Mit den äußeren Umständen wird es schwieriger, weil wir diese nicht immer in der Hand haben. Hier können wir Wachstumsmöglichkeiten schaffen, indem wir präsent sind, die Kinder unterstützen und gemeinsam mit ihnen nach Lösungen suchen.

Zu den äußeren Umständen, die nicht immer lenkbar sind, kommen noch internale Hürden hinzu. So haben hochsensible Kinder häufig einen ausgeprägten Wunsch, den Anforderungen und Erwartungen ihres Umfeldes zu entsprechen. Durch gewissenhaftes, stark reflektierendes Handeln versuchen sie, Fehler zu vermeiden. Damit einhergehend zeigt sich vielfach ein Hang zum Perfektionismus. Die eigene Anspruchshaltung ist auf sehr hohem Niveau angesiedelt, wodurch der Frustration Tür und Tor geöffnet sind. Passieren diesen Kindern Fehler, gehen sie mit sich selbst oft hart ins Gericht. Leider wird auf diese Weise das Selbstwertgefühl in Mitleidenschaft gezogen. Dies wirkt sich nachteilig auf Selbstachtung und Selbstvertrauen aus und steht dem Aufbau von Selbstvertrauen und Persönlichkeitsentfaltung im Weg. Umso wichtiger ist es, dass Eltern und Bezugspersonen kontinuierlich Erfolgserlebnisse schaffen. Sie fragen sich, wie dies gehen soll?

- **Haben Sie realistische Erwartungen**

Ein feinfühliges Kind spürt sehr schnell, welche Erwartungen – ob ausgesprochen oder nicht – Bezugspersonen haben. Sind diese zu hochgesteckt, kann das Kind darunter leiden, denn es spürt die Enttäuschung des Gegenübers unmittelbar. Vielleicht müssen Sie Ihre Erwartungen zurückschrauben, damit Ihr Kind Erfolge haben kann. Ein hochsensibles Kind, das zum Beispiel noch nie außerhalb des häuslichen Umfelds geschlafen hat, wird sich nur schwer überwinden, während eines verlängerten Wochenendes bei der Tante zu übernachten. Kleinschrittige Ziele erhöhen die Chance auf Erfolg.

- **Begeben Sie sich auf „Schatzsuche“**

Jedes Kind hat Stärken – auch Ihr hochsensibles Kind. Entdecken Sie seine Begabungen und spiegeln Sie ihm seine Fähigkeiten kontinuierlich, sodass es früh erkennt, was es gut kann.

- **Übertragen Sie Ihrem Kind immer wieder kleine, verantwortungsvolle Aufgaben**

Wenn das hochsensible Kind merkt, dass Sie ihm etwas zutrauen, wird es dies als Erfolgserlebnis verbuchen und daran wachsen. Übertragen Sie ihm je nach Alter Aufgaben, die es mit seinen Fähigkeiten gut bewerkstelligen kann. Beispielsweise kann es für das Gießen der Pflanzen zuständig sein, für die Fütterung des Haustiers Verantwortung übernehmen oder den Frühstückstisch am Wochenende geschmackvoll decken.

- **Helfen Sie Ihrem Kind, Freundschaften aufzubauen.**

Wie bereits dargestellt, sind Freundschaften unerlässlich. Sollte es an der einen oder anderen Stelle schwierig sein, bieten Sie Brückenhilfe an und helfen Sie Ihrem Kind damit, den Kontakt zu anderen nicht zu verlieren. Dies kann je nach Alter des Kindes bedeuten, Verabredungen zu ermöglichen oder sie zumindest immer wieder anzustoßen.

Zu all den genannten Punkten sollten Sie vergangene Erfolge immer wieder in Erinnerung rufen, da hochsensible Kinder bei einer Niederlage die Tendenz haben, positive Erfahrungen aus dem Blick zu verlieren. Gelingt Ihrem Kind eine Aufgabe, geben Sie am besten unverzüglich positives Feedback. Auf Englisch hat sich dafür der Ausdruck „Catch them being good“ eingebürgert. Machen Sie sich auf die Suche nach Erfolgen Ihres Kindes, „ertappen“ Sie es, wenn es eine Sache gut macht, und spiegeln Sie dies zeitnah. Hilfreich kann zusätzlich eine Visualisierung sein, sprich eine bildliche Darstellung der Erfolge (z. B. ein Foto zur Erinnerung als visueller Verstärker).

## 2.3 Was Eltern weiter tun können

Nicht selten erzählen mir Eltern, dass ihr hochsensibles Kind auf Lob kaum reagiert, es unter Umständen sogar negiert oder abmildert. Dies kann Bezugspersonen mitunter stark irritieren und wirft die Frage auf, ob Lob und Anerkennung zur Stärkung von hochsensiblen Kindern tatsächlich gute Mittel sind. Um darauf eine Antwort geben zu können, ist es wichtig, die Hintergründe zu verstehen. Was bewegt hochsensible Kinder, wenn sie ein Lob erhalten? Wie erleben sie die guten Rückmeldungen?

Vor einiger Zeit nahm ich an einem runden Tisch teil, bestehend aus einer Lehrkraft, den Eltern, einer Schülerin und mir. Es sollte eine gemeinsame Ausrichtung besprochen werden, um die hochsensible Schülerin gut zu unterstützen und sie in ihrem Selbstvertrauen zu stärken. Als die Lehrkraft all die Stärken der Schülerin aufzählte, schaute diese verschämt zu Boden und reagierte in keiner Weise. Ist das ein Hinweis darauf, dass es vergebene Liebesmühe war? Ich denke nicht. Bereits die Formulierung von „schaute verschämt zu Boden“ gibt eine Antwort auf den Seelenzustand des Mädchens. Sie war beschämt und konnte vordergründig mit den positiven Rückmeldungen nichts anfangen. Denn ihre eigene Selbstkritik war ihr viel vertrauter. Dennoch bin ich überzeugt, dass sie das Lob innerlich aufgenommen hat. Dies zeigte sich auch Wochen später in einer veränderten, aufgerichteten Körperhaltung, sobald es im Gespräch mit ihr um Lehrkraft und Schule ging.

Lassen Sie sich nicht von ersten Reaktionen des Kindes auf anerkennende Worte irritieren. Ihre Aussage wird ihren Sinn nicht verfehlen. Zur Verstärkung könnten Sie auch hier eine Visualisierung mit Ihrem Kind vornehmen, indem Sie zum Beispiel ein Lob-Tagebuch führen und alle positiven Feedbacks notieren. Auf diese Weise kann das Kind an trüben Tagen darauf zurückgreifen und sich an den bereits gesammelten, wohlwollenden Rückmeldungen erfreuen.

Nebst all den bisher erwähnten Skills zur Stärkung des Kindes soll an dieser Stelle auch noch die Förderung des Selbstmitgefühls, der Resilienz und der Wertevermittlung erörtert werden.

## Selbstmitgefühl fördern

Wie bereits erwähnt, ist Selbstkritik ein häufiger Begleiter hochsensibler Kinder und beeinträchtigt ihr Selbstbewusstsein stark. Eine hohe Selbstüberwachung gepaart mit perfektionistischen Gedanken führt längerfristig zu Frustration, Sorge und Angst. Dabei scheint die Selbstkritik für ein hochsensibles Kind zunächst sinnvoll zu wirken. Kritisiere ich mich selbst mit Feststellungen wie *„Da habe mich ja völlig bescheuert angestellt"*, *„Im Umgang mit dem Ball bin ich total miserabel"*, *„In Englisch bin eine Niete"*, kann ich dem anderen zuvorkommen und die Kritik des Gegenübers ist in der Regel nicht mehr so niederschmetternd. Eine große Sorge hochsensibler Kinder.[27]

Leider hat die Selbstkritik einen großen Haken: Mit jedem Tadel verletze ich mich letztlich selbst, das Selbstwertgefühl sinkt drastisch. Hochsensible Kinder benötigen unbedingt Vorbilder, die ihnen zeigen, was Selbstachtung und Selbstfürsorge bedeuten. Das Konzept des Selbstmitgefühls von Kristin Neff[28] vorzuleben und auch zu vermitteln, ist meines Erachtens die beste Strategie, um hochsensiblen Kindern zu signalisieren: *„Du bist in Ordnung, so wie du bist"*, *„Ich glaube an dich und deine Fähigkeiten"*, *„Du wirst es schaffen"*.

Ziel ist es, dass hochsensible Kinder diese positive Haltung sukzessive annehmen können und sich selbst damit zu einem guten Freund werden. Selbstmitgefühl besteht aus drei Elementen: Selbstfreundlichkeit, Verbundenheit mit anderen und Achtsamkeit.[29]

## 1. Selbstfreundlichkeit

Haben Sie schon erlebt, dass Ihr hochsensibles Kind anderen gegenüber sehr mitfühlend, tröstend und freundlich ist? Eine Stärke, die hochsensible Kinder im Besonderen haben. Durch ihre hohe Empathie sind sie für andere da, gehen mit sich selbst aber leider oft sehr grob um. Aus diesem Grund plädiert Kristin Neff: Sowohl Kinder als auch Erwachsene sollten lernen, sich selbst ein guter Freund zu werden. Sich selbst die Worte zu sagen, den Trost zu spenden, den sie auch anderen geben würden.

Statt: *„Ich habe eine Fünf in Mathe! Wie blöd kann man eigentlich sein? Ich bin echt ein völliger Versager"*, könnte sich das Kind folgende Worte selbst zusprechen: *„Ich habe eine Fünf in Mathe. So ein Ausrutscher kann passieren. Beim nächsten Mal gelingt es mir sicher wieder besser."* Welche Strategie halten Sie für motivierender?

Damit Ihr Kind diese Herangehensweise lernt, braucht es Sie als Vorbild. Machen Sie es dem Kind vor, egal welchen Fehler es gemacht hat. Je größer der innere Schmerz, umso wichtiger ist die Selbstfreundlichkeit. Wenn Kinder diese Strategie längerfristig erlernt haben, dann schaffen sie es auch, aus der „Kampf-oder-Flucht-Falle" herauszutreten. In Studien konnte bereits nachgewiesen werden, dass diese Art der Selbstfürsorge (aber auch Fürsorge durch eine Bezugsperson) Oxytocin freisetzt. Ein Glückshormon, das ein Sicherheitsgefühl ermöglicht und Angst verringert.

Achten Sie zukünftig darauf, welche Art Selbstgespräche Ihr Kind führt, und halten Sie es wann immer möglich davon ab, selbstverurteilende Worte zu benutzen. Wenn es Ihr Kind nicht von allein schafft, übernehmen Sie diesen Teil, bis es selbst so weit ist.

## 2. Verbundenheit mit anderen

Mit diesem zweiten Element des Selbstmitgefühls wird das Bedürfnis nach Zugehörigkeit und Akzeptanz erfüllt. Es geht um das Wissen: „Anderen geht es genauso wie mir." Auch hier braucht das Kind zunächst einen Spiegel von Ihnen. Wann immer es geht, signalisieren Sie ihm, dass sein Fehler auch anderen geschieht. *„Dir ist ein Glas zu Bruch gegangen? Das ist mir auch schon passiert"*, *„Du hast eine Fünf geschrieben? Da bist du bestimmt nicht allein"*. Das Kind erhält damit das Signal, dass es zwar nicht seinem eigenen Perfektionsstreben standhalten konnte, aber etwas erlebt, was jeder andere auch erlebt. Das schafft ein Gefühl der Verbundenheit und beugt Isolation vor.

Geben Sie ruhig auch selbst immer ehrlich zu, wenn Ihnen etwas nicht gelingt, und seien Sie dabei freundlich mit sich selbst.

## 3. Achtsamkeit

Achtsamkeit bedeutet, aufmerksam zu sein, ohne zu urteilen. Sie schließt das bewusste Beobachten mit einer wohlwollenden und unvoreingenommenen Haltung ein. Warum ist dies insbesondere für hochsensible Kinder von großer Bedeutung?

Wie bereits erläutert, ist das Nervensystem der hochsensiblen Kinder hochaktiv. Impulse werden über Sinneskanäle in Sekundenschnelle weitervermittelt und mit Emotionen und Bewertungen verknüpft. Da Hochsensible eine Situation meist als riskant einstufen und vorsichtig an einen Sachverhalt herangehen, kommt es nicht selten zu starken Emotionen, die im Katastrophendenken, in Übertreibungen oder im Alles-oder-Nichts-Denken enden können. Gedanken, die den Kampf-oder-Flucht-Mechanismus auslösen, aber nicht zu einer angemessenen Lösungsfindung führen. Umso wichtiger ist es, die Kinder in emotional aufreibenden Situationen zur Ruhe zu führen und erst daraufhin weitere Schritte zu überlegen.

Im Beispiel mit der unangenehmen Schulnote würde dies folgende Schritte implizieren: *„Du hast eine Fünf geschrieben? Setz dich mal zu mir. Das hat dich bestimmt getroffen. So ein Ausrutscher kann passieren, du bist bestimmt nicht der Einzige. Ist dir zum Weinen? Oder macht es dich wütend? Würdest du am liebsten den Kopf hängen lassen? Es ist okay. Was brauchst du jetzt? Möchtest du erst mal deine Ruhe? Oder eine Runde aufs Trampolin?"* Und nach einer Pause: *„Was können wir denn machen, damit es dir beim nächsten Mal anders ergeht? Brauchst du eine Nachhilfe, soll ich dir helfen oder möchtest du einfach allein mehr lernen?"* Damit erreichen Sie, dass Ihr Kind das gute Gefühl erhält, etwas gegen den Zustand tun zu können und nicht in der Situation verharren zu müssen. Wichtig ist: Üben Sie mit Ihrem Kind, abwertende Gedanken abzuwehren. Formulieren Sie gemeinsam mit ihm negative Gedanken in positive um.

## Resilienz aufbauen

„Auch aus Steinen, die einem in den Weg gelegt werden, kann man etwas Schönes bauen."

*Johann Wolfgang von Goethe*

Resilienz ist in aller Munde. Doch was genau wird darunter verstanden? Welche Vorteile haben resiliente Kinder? Und wie kann Resilienz aufgebaut werden?

Unter der Bezeichnung Resilienz wird eine psychische Widerstandsfähigkeit verstanden. Sie beschreibt die Fähigkeit, mit schwierigen Situationen umzugehen, ohne Schaden daran zu nehmen.[30] Resiliente Menschen sind Stehaufmännchen. Bildlich gesprochen können sie ganz nach dem Zitat von J. W. von Goethe aus Steinen, die ihnen in den Weg gelegt werden, etwas Schönes bauen. Schwierige Situationen meistern sie, weil sie über gute Problemlösefähigkeiten, eine hohe Sozial- und Konfliktlösekompetenz, ein ausgeprägtes Verantwortungsgefühl, Hilfsbereitschaft und Empathie verfügen. Sie haben ein positives Selbstkonzept und ihr Handeln ist von Zuversicht geprägt.[31] Nicht von ungefähr spricht man auch vom „Immunsystem der Seele".

Wer jetzt denkt, die Resilienz sei angeboren, der irrt. Sie entwickelt sich im Laufe des Lebens, wenn Kinder auf förderliche Bedingungen im sozialen Umfeld stoßen. Gemeint ist damit, dass sie in ihrer Entwicklung durch wohlwollende Bindungspersonen Unterstützung erfahren, die Sicherheit und Zuverlässigkeit vermitteln. Auch wenn Kinder bedingungslose Wertschätzung, Geborgenheit und elterliches Einfühlungsvermögen sowie eine gute soziale Einbindung einschließlich von Freundschaften und familiärem Zusammenhalt erleben, wird die Widerstandskraft gefördert. Daneben kann der Glaube ebenfalls eine Ressource sein, denn durch den Glauben sind Annahme, Sicherheit und Halt sowie ein in der Regel gut funktionierendes Netz an Sozialkontakten und eine Einbindung in eine kirchliche Gemeinschaft möglich.

Damit hochsensible Kinder ein starkes, seelisches Immunsystem entwickeln, sollten Sie als Eltern und Bezugspersonen

Ihr Handeln immer wieder reflektieren und die Gestaltung herausfordernder Alltagssituationen entsprechend gestalten. Betrachten Sie schwierige Momente als Chancen, Fertigkeiten zu entwickeln, wie beispielsweise der Problemlösefähigkeit.[32] Hierfür ist es elementar, nicht alle Herausforderungen aus dem Weg zu räumen, sondern Sie sollten Ihrem hochsensiblen Kind ermöglichen, an schwierigen Situationen zu wachsen und Widerstandskraft zu erlangen. Ich vergleiche dies gerne mit einem Hanteltraining zum Aufbau der Muskeln, die letztlich Rückgrat geben. Durch unsere emotionale Präsenz und mentale Unterstützung ermöglichen wir es den Kindern, dass sie ihre Komfortzone erweitern, und fördern damit das Persönlichkeitswachstum. Selbstverständlich ist klar: Wenn eine Situation eine Überforderung für das Kind darstellt und es trotz wohlwollender Unterstützung nicht fähig ist, einen Lösungsweg zu finden, dann gilt es für Sie als Eltern, zu handeln.

Noch ein Beispiel hierzu: Eine hochsensible Schülerin soll in einigen Wochen für ein paar Tage auf Klassenfahrt gehen. Bereits bei der Vorstellung dessen, was auf sie zukommt, wird dem Mädchen angst und bange. Würden Sie Ihrer Tochter die Herausforderung ersparen und sie zu Hause lassen, verpasst sie die Chance, an der Situation zu wachsen. Erarbeiten Sie aber mit ihr im familiären Umfeld Bewältigungsstrategien, zum Beispiel Ideen gegen Heimweh, und ermutigen Sie sie mit stärkenden Botschaften, erhöht sich die Chance auf Erfolg. In diesem Fall könnte das Kind daran erstarken. Sind die Angst und die Überforderung zu hoch, springt der Überlebensmodus an und das Mädchen wird nicht an der Situation reifen.

Mir ist wichtig, dass Sie wissen: Ihr Handeln liefert einen wertvollen Beitrag, um die Resilienz zu fördern.

## Werte schaffen

Für hochsensible Kinder ist es sehr wichtig, Zugehörigkeit zu erleben. Überlegen wir uns, welche Art der Anbindung förderlich ist, denken wir natürlich in erster Linie an den familiären Verbund. Dieser steht für hochsensible Kinder selbstverständlich an erster Stelle. Werte, die hier gelebt werden, dienen als Vorbild und können Sicherheit und Konstanz bieten in einer inneren Erlebenswelt, die mitunter sehr emotional ist. Leben Eltern Werte wie beispielsweise Respekt, Fairness, Toleranz, Hilfsbereitschaft, Vertrauen oder auch Gottvertrauen vor, erhöhen sie die Chance auf ein gesundes Persönlichkeitswachstum.

Neben dem Elternhaus sind aber auch soziale Erfahrungen in einer Peergroup wichtig, insbesondere dann, wenn hochsensible Kinder in die Vorpubertät oder Pubertät kommen. Dabei ist nicht jede Peergroup hilfreich und unterstützend. Die gelebten Werte der Gruppe und die Vorstellung des hochsensiblen Kindes sollten möglichst passend sein, damit das hochsensible Kind nicht zusätzlich Stress erlebt, sondern vielmehr die Erfahrung macht, akzeptiert und ernst genommen zu werden. Dies gilt übrigens auch für introvertiert Hochsensible, die Gruppenmomente in den meisten Fällen als Stress erleben. Umso wichtiger ist es, die Auswahl der Gruppe reflektiert vorzunehmen. Hierzu ein Beispiel:

*Magdalena, ein hochsensibles Teenagermädchen, ist in eine Klasse integriert, die keinen guten Zusammenhalt hat. Ihre Stärken wie zum Beispiel ihr gutes Zuhören, ihre Verlässlichkeit und ihre Diskretion werden von den Mitschülerinnen sehr geschätzt. Dennoch bietet das Klassengefüge nicht den Halt, den Magdalena so dringend bräuchte. Glücklicherweise besucht sie seit einigen Jahren die örtliche Jungschar. Die kleine Gruppengröße tut ihr gut; das Programm und die religiösen Inhalte entsprechen ganz ihren inneren Werten und sie erlebt hier einen ermutigenden und aufbauenden Zusammenhalt. Gelebte Werte wie Ehrlichkeit, Vertrauen und Glauben erlebt sie als stärkend, und das Wissen, dass sie nicht ohne Grund auf der Welt ist, sondern eine Aufgabe erfüllen kann, gibt ihr Stabilität.*

Ob es nun wie bei Magdalena die Jungschar ist oder eine Pfadfindergruppe, eine Tanzcommunity oder eine Gruppe des Naturschutzbundes spielt eine zweitrangige Rolle. In jedem Fall kann es eine große Unterstützung sein, wenn das hochsensible Kind außerhalb der Pflichtgemeinschaften in der Schule Freundschaften in einem geschützten Rahmen mit gelebten Werten pflegt. Dabei spielen sowohl die Freundschaften als auch die gelebten Werte eine entscheidende Rolle. Insbesondere Letztere sorgen dafür, dass hochsensible Kinder auf einer tiefen Ebene glücklich sein können.

Auch ihr sonst zögerliches Verhalten kann sich verändern, wenn ein erkennbarer Sinn im Handeln und Tun vorhanden ist. Ebenso ist die Bedeutung einer Gruppenzugehörigkeit für hochsensible Kinder nicht zu unterschätzen. Damit die Werte möglichst übereinstimmen, ist es hilfreich, wenn Eltern bereits früh Wege zu passenden Gruppierungen anbahnen.

## 2.4 Zusammenfassung

Wenn Elaine N. Aron schreibt, dass Hochsensible außergewöhnlich sind, dann überhöht sie damit nicht hochsensible Kinder im Vergleich zu anderen Kindern. Eine entsprechende Bewertung würde niemandem gerecht werden und wäre weder authentisch noch förderlich. Jedes Kind ist auf seine Weise besonders.

Arons Anliegen ist es hingegen, dass die Neurosensitivität und die damit verbundene, individuelle Art eines hochsensiblen Kindes ernst genommen wird und sowohl Eltern als auch Bezugspersonen sich auf das Thema einlassen. Neben einem fundierten Hintergrundwissen benötigt es selbstwertstärkende Begleitung der Kinder, um hochsensible Kinder zu selbstbewussten Erwachsenen zu erziehen, die aufrecht und mit dem Wissen um ihre Stärken ihren Weg gehen. Eine bedingungslose Wertschätzung ist hierfür unabdingbar. Hochsensible Kinder sind wertvoll, so wie sie sind – auch wenn sie ihre Nachbarn nicht immer grüßen, nicht ohne ein Elternteil in die Sportgruppe wollen oder im Unterricht ihr Wissen vor der Klasse nicht preisgeben und lieber schweigen. An dieser Stelle ist es wichtig, darauf zu achten, welche Botschaft wir ihnen vermitteln. Ist es ein *„Stell dich nicht so an!“* oder ein *„Ich verstehe dich. Lass uns gemeinsam überlegen, was wir tun können“*?

Hochsensible Kinder zeigen Verhaltensweisen, die es durch elterliches Einfühlungsvermögen zu verstehen gilt. Nur so können Eltern individuelle Lösungen finden. Allgemeinpädagogische Ratschläge können nicht unreflektiert auf hochsensible Kinder übertragen werden. In der Begleitung von Hochsensiblen geht es maßgeblich um innere Stärkung. Fähigkeiten und Begabungen sollen Raum erhalten, Hürden des Alltags und Herausforderungen im Lebensverlauf gut gemeistert sowie Resilienz aufgebaut werden. Um dies zu erreichen, sollten Eltern und Bezugspersonen Herausforderungen zulassen – Überforderungen wiederum sind keine guten Lehrmeister. Eine stärkende, unterstützende Präsenz von uns als Bezugspersonen ist unerlässlich genauso wie Fertigkeiten zu vermitteln, damit hochsensible Kinder Herausforderungen bewältigen können. Auf diese Weise entwickeln sie Kompetenzen, mit denen sie den Stürmen des Lebens trotzen können.

# 3. HOCHSENSIBLE KINDER BEGLEITEN

In der Begleitung hochsensible Kinder erleben wir im Alltag viele, sehr unterschiedliche Gegebenheiten, welche Entscheidungen oder angemessenes, unterstützendes Handeln von uns abverlangen. Meist sind es Situationen, die durch das Naturell eines hochsensiblen Kindes und der bereits dargestellten Zusammenhänge entstehen. Das reine Wissen erklärt zwar die Hintergründe und ermöglicht ein größeres Verständnis, hilft aber nur begrenzt dabei weiter, konkrete Schwierigkeiten zu bewältigen. Es sind die alltäglichen Fragen, die herausfordern und nicht selten auch überfordern können: *„Was mache ich, wenn mein Kind bei einer Übererregung einen Wutausbruch bekommt?"*, *„Wie kann ich mein Kind stärken, wenn es aus Angst bestimmte Situationen verweigert und nichts ohne mein Beisein macht?"*, *„Wie reagiere ich, wenn es keine Kleidung gibt, die mein Kind ohne Stress anzieht?"*, *„Was mache ich, wenn mein Kind aufgrund übermäßigen Grübelns nicht einschlafen kann?"*. Fragen, für die es Antworten benötigt, um angemessen handeln zu können und dabei eine Kompetenzerweiterung des Kindes zu schaffen.

Interessiert es Sie an dieser Stelle, vor welchen Herausforderungen sich andere Eltern im Alltag gestellt sehen? Bei einer praxisinternen Umfrage gaben Eltern hochsensibler Kinder folgende Themen, Sorgen und Nöte an:

## Alltägliche Sorgen von Eltern hochsensibler Kinder[1]

### *Neue Situationen*

- Neue Dinge auszuprobieren ist problematisch.
- Sich auf unbekannte und unvorhergesehene Ereignisse einzulassen, fällt sehr schwer.

### *Intensität der Emotionen*

- Kleinigkeiten sorgen teils für heftige Gefühlsausbrüche.
- Unser Kind hat stark ausgeprägte Gefühlslagen.
- Es reagiert sehr empfindlich auf Kritik.
- Es zieht sich häufig beleidigt zurück.
- Die Frustrationstoleranz ist sehr niedrig.
- Unser Kind ist nur wenig belastbar.
- Es hat starke Stimmungsschwankungen.

### *Schule*

- Unser Kind ermüdet während des Schulalltags rasch.
- Es benötigt nach der Schule eine längere Ruhephase, dies verkürzt die Spielzeit.
- Es gibt eine erschwerte Lehrer-Schüler-Beziehung.
- Unser Kind ist ein Außenseiter, weil es nicht jeden Unsinn mitmacht.
- Es sitzt äußerst lange an den Hausaufgaben.

---

1 Ergebnisse einer praxisinternen Umfrage

- Es wirkt unter Zeitdruck blockiert.
- Es wirkt bei Druck vonseiten des Lehrers bzw. der Schule blockiert.
- Unser Kind hat Schulschwierigkeiten.
- Das langsame Arbeitstempo sorgt für Diskussionen bei Hausaufgaben.
- Das Einfinden in die Klassengemeinschaft dauerte lange.

## *Schlaf*

- Einschlafschwierigkeiten.

## *Soziale Aspekte*

- Unser Kind mag keine Besucher und geht auch nicht gerne auf Besuch.
- Es hält Verlieren/Gewinnen bei Gesellschaftsspielen nicht aus, verweigert diese Spiele.
- Es geht in großen Gruppen unter.
- Orte mit vielen Menschen (Schule, Vereine) sorgen für Stressmomente.
- Unser Kind taucht in seine eigene Welt ab.
- Es gibt mangelnde Freundschaften.

## *Selbstbewusstsein*

- Unser Kind hat eine hohe Unzufriedenheit mit sich selbst.
- Es ist sehr ernsthaft.

- Unser Kind hat psychosomatische Beschwerden in stressigen Phasen.
- Es ist krankheitsanfällig.

In dem nun folgenden Kapitel erhalten Sie einen Überblick über häufige Herausforderungen im Alltag mit hochsensiblen Kindern. Sicher treffen nicht alle Bereiche auf Ihre familiäre Situation zu, da dies von der Individualität jedes einzelnen Kindes abhängt. Sollte der Leidensdruck bei einzelnen Themen so hoch sein, dass die Lebensqualität Ihres Kindes und auch die der Familie erheblich eingeschränkt sind, rate ich dazu, einen entsprechenden Experten zu konsultieren und sich Unterstützung zu holen.

## 3.1 Begleitung im Alltag

Wir leben in einer schnelllebigen, lauten und herausfordernden Zeit. Nicht zuletzt die mediale Welt sorgt für eine Flut an Informationen, die selbst für Personen mit hoch eingestelltem Wahrnehmungsfilter eine Herausforderung darstellt. Wie viel mehr haben hochsensible Kinder Mühe, mit all den täglichen Reizen umzugehen. Dabei gibt es gesellschaftliche Pflichten, denen sich diese Kinder nicht entziehen können. Eine Reizüberflutung in Kindergarten und Schule kann nur schwer verhindert werden. Umso wichtiger ist es, hochsensiblen Kindern zu Hause Zeit und Ruhe zu ermöglichen. Passen Sie als Eltern den Alltag an das Temperament Ihres Kindes an. Begrenzen Sie Freizeitaktivitäten, planen Sie an den Nachmittagen wenige, feste Termine ein, minimieren Sie den Medienkonsum Ihres Kindes und bieten Sie zum Stress des Alltags immer wieder einen Gegenpol, indem Sie für „Entspannungstage“ sorgen (z. B. einen Tag ohne Lernen), an denen Bewegung, Natur, Sport, Musik eine große Rolle spielen, um aufzutanken und Kraft zu schöpfen.

## Rituale und Regeln bieten Sicherheit

Für hochsensible Kinder sind gleichbleibende Strukturen und Rituale besonders günstig. Sie sind vorhersehbar, geben Sicherheit und Orientierung. Entwickeln Sie Ihre eigenen, regelmäßigen Zeiten für das Lernen, für Pausen, fürs Schlafen und Essen etc. und bieten Sie Ihrem Kind dadurch Struktur und Stabilität. Dies hilft ihm, in einer Art inneren Komfortzone zur Ruhe zu kommen, Stress zu minimieren und damit auch den Alltag zu bewältigen.

Spontane Aktionen sollten wohldosiert sein, da sie ein hochsensibles Kind in Stress versetzen können. Sollte Ihr Kind Aktionen verweigern und auf Opposition gehen, kann die Ursache sein, dass die innere Vorbereitung des Kindes auf die Aktivität fehlt.

## Bedürfnisse wahrnehmen

◊ *Ich sehe was, was du (noch) nicht siehst – oder die Kunst, hinter dem Verhalten des Kindes das eigentliche Bedürfnis zu sehen*

Ein wesentlicher Schlüssel für die Erziehung hochsensibler Kinder ist es, ihr Verhalten richtig einzuschätzen. Nicht selten stehen hinter auffälligen Reaktionen nicht gestillte Grundbedürfnisse oder ungelöste innere Konflikte. Hochsensible Kinder sind mit ihren starken Gefühlen oft so überfordert, dass sie es nicht schaffen, sich adäquat zu artikulieren, und stattdessen Störverhalten zeigen. Dies heißt für Sie als Eltern, kontinuierlich eine Art Übersetzungsarbeit zu leisten.

### ◊ Wenn Traurigkeit auf Mitgefühl beruht – meins oder deins?

*Lena geht in die 3. Klasse und hat Freude an der Schule. In Mathematik ist sie besonders gut und bekommt durch ihre guten Noten kontinuierlich die Rückmeldung, dass dieses Fach zu ihren Stärken zählt. Ihre beste Freundin und Banknachbarin Anke hingegen hat große Probleme mit dem Rechnen. Als Lena nach einem Test die Note 2 und Anke die Note 5 nach Hause bringt, ist Lena den ganzen Nachmittag schlecht gelaunt, wirkt traurig und unzufrieden, lässt sich auf nichts Erfreuliches ein. Erst bei mehrmaligem Nachfragen wird klar, dass Lena so stark mit ihrer Freundin mitfühlt, dass sie ihren eigenen Erfolg darüber vergisst.*

Da hochsensible Kinder sehr empathisch sind und in Resonanz mit anderen gehen, ist ihnen selbst oft nicht klar, wessen Emotionen sie gerade erleben und ausleben. Gewöhnen Sie sich als Eltern an, durch Fragen immer wieder zu verdeutlichen, dass eine Abgrenzung notwendig und gesund ist: *„Was denkst du, wie fühlt sich deine Freundin Anke gerade? Kennst du dieses Gefühl? Kann es sein, dass du gerade für sie mitfühlst? Was könntest du tun, um ihr dein Mitgefühl zu zeigen? Bist du selbst enttäuscht oder ist es Ankes Enttäuschung, die du fühlst?"*

Ganz wichtig ist bei aller Empathie, dass hochsensible Kinder von Kindesbeinen an lernen, nicht in Passivität zu verharren. Ein aktives Handeln schafft Befreiung und Erleichterung und kann die starken Gefühle minimieren.

## ◊ *Verweigerung heißt nicht Verweigerung, sondern oftmals Angst*

*Leons Klasse steht kurz vor einer Klassenfahrt nach Berlin. Alle Schüler sind hellauf begeistert, ein paar Tage nicht die Schulbank drücken zu müssen. Nur Leons Freude darüber hält sich schon von Planungsbeginn an in Grenzen. Zu Hause wurde die Klassenfahrt kaum thematisiert, um keine größeren Diskussionen anzuheizen. Kurz vor Klassenfahrtsantritt beginnt Leon über Magenschmerzen zu klagen. Als ihm klar wird, dass er dennoch mitfahren soll, geht er in eine offensive Verweigerungshaltung. Obwohl die Eltern mit Engelszungen versuchen, ihren Sohn zur Teilnahme zu überreden, ist nichts zu machen.*

Was ist das eigentliche Dilemma? Im Fall von Leon geht es nicht um eine schlichte Verweigerung. Beginnt man damit, sein Verhalten zu übersetzen und genauer zu analysieren, lässt sich eine Vielzahl an Ängsten hinter dem Verweigerungsverhalten erkennen. Wie schaffe ich es, über mehrere Tage und Nächte mit Menschen zusammen zu sein, obwohl ich lieber meine Ruhe haben will? Was, wenn ich mit den Raufbolden der Klasse in ein Zimmer gesteckt werde? Was soll ich dort nur essen, wo ich doch viele Nahrungsmittel nicht mag? Was, wenn ich zu Spielen gezwungen werde, auf die ich keine Lust habe?

Hochsensible Kinder stellen sich vor neuen Situationen viele Fragen und finden oft keine Lösung. Aus Angst, eine Situation nicht zu bewältigen, gehen sie in die Verweigerungshaltung, auch wenn sie dafür Ärger bekommen.

Solange Sie als Eltern nicht versuchen, die inneren Konflikte Ihres Kindes zu ergründen, werden Sie nichts erreichen. Klären Sie, welche Angst hinter der Verweigerung steht, um gemeinsam mit dem Kind Lösungen finden zu können und die Blockaden nach und nach abzubauen. Wenn Sie diesen weniger autoritären Weg gehen, wird Ihr Kind lernen, seine Angst zu überwinden.

### ◊ *Wenn das Maß voll ist …*

*Die dreijährige Sarah ist ein ausgeglichenes, freundliches und höfliches Mädchen. An einem heißen Sommertag planscht sie im Schwimmbad mit ihrer Mutter und anderen Kindern. Von einem Moment auf den nächsten kippt die Stimmung des Mädchens. Es wird quengelig, schlägt auf die Mutter ein und beschimpft diese. Die Mutter erkennt die Situation sofort, sieht hinter dem Verhalten ihres Kindes die Überreizung. Anstatt Sarah wegen ihres Verhaltens zurechtzuweisen, verlässt sie mit dem Mädchen den Tumult und zieht sich an einen ruhigen Ort zurück, um ihr Ruhe zu ermöglichen. Innerhalb kürzester Zeit ist Sarah wieder in ihrem Gleichgewicht und zeigt ihre gewohnte Höflichkeit.*

Hochsensiblen Kindern fällt es schwer, eine Überstimulation zu erkennen und adäquat zu äußern. Solange dies so ist, heißt es auch in diesem Fall, Verhaltensweisen zu übersetzen, die für eine Überreizung sprechen. Das Kind benötigt Ihre Rückmeldung, Ihr Spiegeln und Ihre Lenkung, bis ihm eine aktive Selbststeuerung gelingt. Meist sind es Quengeleien, psychosomatische Beschwerden, Weinerlichkeit, die für ein volles Maß an Reizen sprechen. Entschlüsselt man das Verhalten, so könnte es bedeuten, dass eine Ruhephase notwendig ist.

Damit das Kind längerfristig selbst in der Lage ist, sein Energieniveau zu deuten, benötigt es die Rückmeldung und Steuerung von Ihnen. Auch hier kann es wie in anderen Bereichen hilfreich sein, eine Visualisierung vorzunehmen. Nutzen Sie hierzu z. B. einen Messbecher aus der Küche. Füllen Sie diesen immer weiter mit Wasser. Kurz bevor er voll ist, schicken Sie Ihr Kind an einen ruhigen Ort, um sich zu erholen. Selbstverständlich können Sie auch einen Messbecher malen und jeweils den erreichten Pegel einzeichnen. So erfährt Ihr Kind anschaulich, wann „das Maß voll ist".

## Hilfreiche Leitsprüche[33]

In der Alltagsbegleitung hochsensibler Kinder erleben wir als Eltern immer wieder Situationen, die uns regelrecht überfallen und herausfordern. Vieles können wir planen: Wir können Reize minimieren, Aktivitäten und Veranstaltungen vorbereiten, Angstsituationen kleinschrittig angehen. Und dennoch gibt es zahlreiche Momente, die aus dem Nichts auftauchen und eine angemessene Reaktion verlangen. So zum Beispiel in diesen Situationen:

*Franziskas Eltern möchten sich ein neues Sofa kaufen. Das alte ist schon sehr durchgelegen und nicht mehr sauber zu bekommen. Die Erwachsenen freuen sich schon auf den Wechsel. An dem Tag, als das alte Sofa auf den Wertstoffhof sollte, rutscht Franziska in eine tiefe Wehmut, weint, schluchzt und ist nicht zu beruhigen. Jede Erläuterung prallt an ihr ab.*

*Luis muss unerwartet aus der Kita abgeholt werden. Er ist im Garten auf nassem Boden ausgerutscht und mit dem Kopf an eine Trep-*

*penkante geprallt. Die Platzwunde wurde von der Erzieherin bereits gestillt. Der Junge steckt in einem Gefühlschaos. Der Unfall hat ihn unter Schock gesetzt. Die Tatsache, dass ihm nicht wirklich viel passiert ist, bringt keine Beruhigung.*

Solche alltäglichen Momente sorgen dafür, dass Eltern innerhalb kürzester Zeit eine gewinnbringende Strategie parat haben sollten, um die aufgewühlte, hochsensible Seele zur Ruhe zu bringen. Dies erfordert eine hohe Flexibilität, aber auch Einfallsreichtum. Denken Sie daran: Jede herausfordernde Situation kann zu einer Wachstumschance Ihres Kindes werden, wenn es die Problemlösefähigkeit stärkt. Vorausgesetzt, Sie finden eine Lösung, die weiterbringt. Doch wer hat eine solche immer parat? Insbesondere dann, wenn man selbst überraschend damit konfrontiert wird und ausgelaugt ist von anderen Aufgaben?

Mir ist es wichtig, an dieser Stelle noch einmal klarzustellen: Es geht hier nicht um elterliche Perfektion. Sie müssen nicht die Supermutter oder der Supervater sein. Es geht vielmehr darum, mit den Kindern zu wachsen, immer wieder zu reflektieren und milde mit sich zu sein, wenn das eine oder andere noch nicht gut gelingt. An dieser Stelle möchte ich Ihnen im Folgenden zwei Leitsprüche vorstellen, die Sie sich gut merken und die in Situationen wie den oben geschilderten hilfreich sein können. Sie stammen aus der Feder von Neuropsychologe Daniel Siegel und Erziehungsexpertin Tina Bryson[34]. Einmal gemerkt, können Sie sie auf viele Situationen übertragen.

## 1. Verbinden und umleiten[35]

Führen wir uns an dieser Stelle noch einmal die Situation von Franziska vor Augen. Das Mädchen, das Stetigkeit liebt und

Mühe mit Veränderungen hat, war beim Abtransport des alten Sofas sichtlich schockiert. Die starke Emotionalität hochsensibler Kinder kam hier voll zur Geltung. Neurologisch gesehen war die Amygdala im absoluten Alarmzustand. Die Emotion dominierte den Verstand. Alle logischen Erklärungsversuche der Eltern fruchteten nicht.

Was tun? Um eine gute Vorgehensweise zu entwickeln, kann es stets hilfreich sein, sich die Hintergründe bewusst zu machen. Wie bereits im Unterkapitel „Intensität der Emotionen", s. S. 32 geschildert, war der Zugang zum Frontalhirn durch die Stärke der Emotionen blockiert. Franziska konnte in diesem Moment gar nicht zugänglich für logische Erklärungen sein.

Daniel Siegel und Tina Bryson plädieren in solchen Situationen dafür, sich zunächst auf das Kind einzustimmen und sich mit ihm auf emotionaler Ebene zu verbinden. Dies geschieht, indem wir die Stärke der inneren Not ernst nehmen und spiegeln, in unserem Fall zum Beispiel mit Sätzen wie: *„Du verbindest mit dem alten Sofa viele schöne Momente, nicht wahr? Die vielen gemeinsamen Kuschelzeiten, die gemütlichen Vorlesestunden, die gemeinsamen Fernsehabende auf der Coach und vieles mehr. Da macht ein Abschied zurecht sehr traurig."*

Mit dieser Begegnung auf emotionaler Ebene schaffen wir eine Verbindung zur Erlebenswelt des Kindes. Es fühlt sich verstanden und in seiner Not gesehen und muss nicht durch noch stärkere Gefühlsausbrüche beweisen, wie schwer sich alles anfühlt. Es muss die Gefühle nicht steigern, um die Vehemenz darzustellen, in der es sich gefühlsmäßig befindet. Durch die aufgebaute Verbindung auf emotionaler Ebene kann sich die Amygdala beruhigen, die Alarmstufe sinkt und das Kind ist offener für Lösungsideen und logische Erläuterungen. Das Umleiten ist damit die Brückenhilfe von Emotion zu Verstand und ermöglicht es, Lösungen zu finden.

Was sich so einfach anhört, benötigt in der Praxis kontinuierliche Übung, aber das Ziel lohnt sich. Hochsensible Kinder lernen auf diesem Weg, ihre Gefühle zu regulieren und sich in Richtung Lösungsorientierung auszurichten.

## 2. Benennen, um es zu zähmen[36]

Ein weiterer Leitspruch von Tina Bryson und Daniel Siegel ist das „Benennen, um es zu zähmen“. Nehmen wir uns hierzu das Beispiel von Luis. Er erlebte in der Kita einen Unfall, der ihn emotional überwältigte und aus der Fassung brachte. Beruhigungsversuche mit dem Hinweis, dass letztlich alles glimpflich abgelaufen sei, halfen nicht weiter. Durch die Übererregung war Luis auf kognitiver Ebene zu diesem Zeitpunkt nicht empfänglich.

Sind hochsensible Kinder in tiefem Schmerz verhaftet, kommt es nicht selten vor, dass Eltern oder Bezugspersonen intuitiv eine Ausweichstrategie wählen und zum Beispiel mittels Ablenkung hoffen, dass die starken Gefühle nachlassen. Zu riskant wirkt der Moment, in dem durch das Anschauen des Schmerzes weitere, noch stärkere Gefühlsausbrüche auftreten. Verständlich, dass Erwachsene an dieser Stelle in eine Vermeidungshaltung gehen.

Wenn wir uns aber die Zielsetzungen unserer Erziehung vor Augen halten, wird klar, dass wir solche Momente als Chance des Wachstums nutzen sollten. In dem Fall kommen wir nicht umhin, den Schmerz gemeinsam mit unserem Kind anzuschauen. Daniel Siegel und Tina Bryson erläutern deutlich, wie wichtig es ist, über schmerz- und angstauslösende Momente zu sprechen, um starke Gefühle zu beruhigen. Ermutigen Sie Ihr hochsensibles Kind, die emotional überwältigende Erfahrung zu erzählen. Immer und immer wieder. Vielleicht können Sie die Geschichte irgendwann nicht mehr hören. Dann wünsche ich Ihnen, dass sie mit jedem Mal, wenn Ihr Kind von Neuem anfängt, feststellen, dass die Emotion geringer wird und die Erzählung der Situation sachlicher. Genau darum geht es letztlich: dass sich mit jeder Wiederholung der Geschichte ein Funken mehr Sachlichkeit einschleicht und dafür sorgt, dass Ihr Kind das Erlebnis am Ende gut abspeichern kann, ohne innere Narben davonzutragen. Wenn die Situation also wieder und wieder erzählt werden darf, werden die Ängste kleiner und verschwinden schließlich. Die Emotion wird mit jeder Wiederholung mit sachlichen Informationen auf Vernunftebene gespeist, sodass sich nach und nach ein Gleichgewicht zwischen Emotion und Verstand einstellen kann. Auf diese Weise brennen sich Bilder und Geschehnisse nicht im Negativen ein, sondern werden auf eine gute Weise sortiert.

Doch was macht man, wenn das hochsensible Kind ein überforderndes Ereignis nicht von selbst erzählen mag? Drängen würde ich es auf keinen Fall, immer wieder anstoßen dagegen schon. Hilfreich kann es sein, die Gespräche mit einer Nebenaktivität zu verknüpfen, wie zum Beispiel einem Spaziergang, gemeinsamem Malen etc. Das klassische Sich-gegenüber-Sitzen blockiert oftmals.

Behalten Sie im Hinterkopf: Wenn Ihr Kind von starken Emotionen übermannt wird, kann abermaliges Erzählen helfen, zur Ruhe zu kommen.

## 3.2 Umgang mit starken Emotionen

Für Eltern und ihre hochsensiblen Kinder stellt die emotionale Intensität eine große Herausforderung dar. Dabei sind die starken Gefühle nicht immer nach außen sichtbar. Manches Mal implodieren hochsensible Kinder und die Vehemenz der Gefühle sind nur durch Anzeichen eines veränderten Verhaltens erkennbar. Ist Ihr Kind in ausgeglichenem Zustand zum Beispiel sehr freundlich und wird plötzlich patzig, ist dies immer ein Anzeichen für den Verlust innerer Balance. Da hochsensible Kinder sich über Folgen und Konsequenzen von starken Gefühlsausbrüchen und entsprechendem Verhalten bewusst sind, versuchen sie, entsprechende Emotionen zu dämpfen, indem sie sich anpassen oder überanpassen. Zu hoch ist das Risiko, Außenstehenden Gefühle zu zeigen und nicht zu wissen, wie diese darauf reagieren werden. Die Folge dieses Gefühlsaufschubes ist, dass die Vehemenz zu einem späteren Zeitpunkt umso heftiger ausfällt, ähnlich einem Vulkan, dessen innere Anspannung irgendwann zu einer großen Eruption führt. So kommt es nicht selten vor, dass hochsensible Kinder sich in einer Einrichtung wie der Kita um jeden Preis anpassen, während der innere Pegel der Erregung stetig zunimmt. Holt die Mutter ihr Kind dann aus der Einrichtung, bricht alles aus ihm heraus. Die Mutter ist zum Ventil geworden, was unter Umständen unschöne Szenen gibt. Dabei meint es das hochsensible Kind in aller Regel nie persönlich. Die innere, äußerst hohe Anspannung muss schlicht abgebaut werden. Dies geschieht bei hochsensiblen Kindern nur in einem Umfeld, in dem sie geliebt werden und sich sicher genug fühlen, um Gefühle wie Frustration, Ängste, Wut ausleben zu können. Gehen Sie aufgrund dessen davon aus, dass starke Emotionen in aller Regel im familiären System auftreten. Hier können hochsensible Kinder alle Gefühlsfacetten zeigen.

So kommt es nicht selten vor, dass Nachbarn, Lehrkräfte oder Pädagogen ein ganz anderes Bild von Ihrem Kind haben. Dies sorgt immer wieder für Irritationen und kann sehr kräftezehrend für Eltern sein. Dennoch ist es wichtig, hochsensible Kinder in Momenten des Gefühlschaos Sicherheit zu vermitteln und sie in der Emotionsregulation zu unterstützen. Längerfristig ist es wichtig, dass Sie gemeinsam mit Ihrem Kind Strategien zur Gefühlsregulation erarbeiten, damit Ihr Kind die innere Balance immer selbstständiger wiedererlangt.

## Ängste

Wie bereits erörtert wurde, sind hochsensible Kinder von Grund auf mit einem ausgeprägten Hemmsystem ausgestattet. Das macht sie in vielen Situationen ängstlicher und vorsichtiger als andere Kinder. Bereits im Säuglingsalter reagieren sie stärker auf fremde Personen, plötzliche Veränderungen und Geräusche. Angst tritt meist dann auf, wenn eine Situation als Bedrohung empfunden wird. Diese kann sich aus einer gedanklichen Vorstellung heraus entwickeln. Das Gefühl der Angst stellt sich meist dann ein, wenn eine Situation der Kontrolle zu entgleiten droht. Anspannung, Besorgtheit, Nervosität und innere Unruhe können die Folge sein.

Zur gesunden Entwicklung eines jeden Kindes gehört es, Ängste erfolgreich zu bewältigen. Dabei brauchen hochsensible Kinder immer wieder die Unterstützung der Erwachsenen. Hierzu ein Beispiel:

*Der zehnjährige Patrick ist von seinem Klassenkameraden zum Geburtstag eingeladen worden. Geplant ist ein Besuch im Kletterwald. Da Patrick ein sehr introvertierter Junge ist, der von sich aus wenig*

*Außenkontakte sucht, freuen sich die Eltern besonders über die Einladung. Allerdings weigert sich ihr Sohn, der Einladung zu folgen. Dies führt in der Familie zu einer größeren Diskussion. Nach und nach stellt sich im Gespräch heraus, dass Patrick Panik vor dem Kletterwald hat, den er bisher noch nie besuchte. Als der Grund für die Weigerung offensichtlich wird, erklärt sich der Vater bereit, mit seinem Sohn bereits im Vorfeld den Kletterwald zu besuchen, ihm die Abläufe dort zu erläutern und mit ihm erste Erfahrungen zu sammeln. Die Weigerung, auf den Geburtstag zu gehen, ist ab dem Zeitpunkt kein Thema mehr.*

Dieses Beispiel zeigt deutlich, wie wichtig es ist, die Ursache von Ängsten – die sich mitunter in Verweigerung zeigen – zu kennen, um dann entsprechend Lösungen zu finden. Dabei hat Angst nicht immer mit einer realistischen Einschätzung einer Situation zu tun. Vielmehr geht dem Gefühl eine Bewertung voraus. Das heißt, zwischen auslösender Situation und resultierendem Verhalten findet stets eine Bewertung statt. Da hochsensible Kinder viel durchdenken, kann es schnell zu Bewertungen kommen, die aus dem Blickwinkel eines Erwachsenen unverständlich und bisweilen unnötig sind. Und genau hier liegt der Ansatzpunkt, an dem Sie als Bezugsperson intervenieren können. Tauschen Sie sich regelmäßig mit Ihrem Kind aus, damit Sie seine Gedankenwelt verstehen und Zugang haben zu seinen jeweiligen Bewertungsgrundlagen. Auf diese Weise können Sie Fehlinterpretationen auflösen und korrigieren. Geben Sie Ihrem hochsensiblen Kind so viel Sicherheit wie möglich, damit es Hürden überwinden kann.

Hierzu einige Unterstützungsmöglichkeiten, die Sie Ihrem Kind bieten können.

## Ängste über Gespräche verbalisieren

Fühlen sich hochsensible Kinder von Ängsten überrollt, ist es ihnen nicht mehr möglich, zu differenzieren oder die Ursachen und Hintergründe der Angst zu benennen. Dafür ist die emotionale Intensität zu hoch. Umso wichtiger ist es, dass Sie mit Ihrem Kind im Gespräch sind und eine Ebene suchen, um in die Gefühlswelt Ihres Zöglings durchzudringen. Nicht immer gelingt dies über eine direkte Konversation. Seien Sie kreativ und nehmen Sie sich Zeit für das hochsensible Kind. Starten Sie eine gemeinsame Aktivität, die Ihrem hochsensiblen Kind Freude bereitet und über die es offener werden kann, um über seine Gefühle zu reden.

Je nach Anlass der Angst kann es bedeuten, dass Sie zum Beispiel sachliche Informationen liefern sollten, die dem hochsensiblen Kind Sicherheit geben wie in dem Beispiel des Kindergeburtstages. Ein anderes Mal geht es darum, angstbesetzte Erfahrungen zu überwinden, indem Sie den Leitspruch „Benennen, um zu zähmen“ anwenden. Diese Methode ist zum Beispiel hilfreich, wenn etwas Angstauslösendes vorgefallen ist, das dann blockierende Auswirkungen hat. Hierzu ein Beispiel:

*Antonia geht in die zweite Klasse. Ihren Schulweg kennt sie in- und auswendig. Seit einigen Monaten läuft sie selbstständig zur Schule und zurück. Eines Tages wird sie auf dem Weg von einem Hund gebissen. Seither will sie zur Schule nur noch gefahren werden. Die Angst sitzt tief, dass ihr dieses Ereignis ein zweites Mal passiert.*

Hier ist es wichtig, dass Antonia wiederholt davon erzählen kann, um die Situation zu verarbeiten und zugänglich für Lösungen zu werden. Stellen Sie Ihrem Kind dazu hilfreiche Fragen: „*Was genau macht dir Angst? Was wünschst du dir? Was brauchst du, um dich sicher fühlen?"* Insbesondere die letzte Frage sollte, auch in anderen Situationen, ein ständiger Begleiter werden. Wer aktiv überlegen kann, was ihm guttut, wird Lösungen finden und aus der emotionalen Intensität heraustreten können.

## Die Angst akzeptieren

Bezugspersonen hochsensibler Kinder sind oft versucht, gegen Ängste ihrer Kinder anzukämpfen. Die Idee dahinter ist: Je weniger ich etwas Raum gebe, desto weniger dominiert das entsprechende Gefühl. Die Erfahrung zeigt etwas anderes. Wir bündeln alle Kräfte in das Negieren eines Gefühlszustandes. Kräfte, die wir zur Bewältigung bräuchten. Deswegen ist es nicht unwesentlich, die Angst des Kindes zunächst zu akzeptieren. Nehmen Sie die Gefühle des Kindes ernst, egal wie ungewöhnlich oder unrealistisch die Gründe zu sein scheinen. Akzeptanz gründet sich auf Mitgefühl, Verständnis und Wohlwollen. Damit ermöglichen wir eine andere Ausgangsvoraussetzung und öffnen den Weg für Lösungsideen. Ein Beispiel:

*Der hochsensible Mika ist zum Schwimmunterricht angemeldet. Heute wäre die erste Stunde. Doch er weigert sich vehement, ins Auto zu steigen und zum Schwimmbad zu fahren. Die Eltern sehen keinen Grund, das Verhalten zu unterstützen und dem Raum zu geben. Sie nutzen ihre körperliche Überlegenheit, tragen ihn zum Auto und entsprechend auch in die Schwimmhalle. Dort boykottiert der Junge die Stunde komplett und ist froh, als er endlich wieder unverrichteter Dinge nach Hause kann. Er weiß um die Enttäuschung der Eltern, konnte aber nicht über seinen Schatten springen.*

Da die Eltern Mikas Ängste übergangen haben, konnten sie an dieser Stelle keine gewinnbringende Strategie erarbeiten. Der Boykott des Jungen diente ihm als Schutz vor seiner übergroßen Angst. Ein reines „Mitschleppen" konnte diese Panik nicht minimieren, sondern gab ihr noch mehr Raum. Das Annehmen des Ist-Zustandes kann eine Hilfe darstellen, um gemeinsam die für hochsensible Kinder so notwendige Sicherheit zu erarbeiten.

## Informationsvermittlung schafft Sicherheit

Wie bereits erwähnt, können Ängste bei Kindern auch dann auftauchen, wenn noch zu wenig Informationen vorliegen, um sich sicher zu fühlen und eine Erfolgschance bei der Bewältigung zu sehen. Psychiater Ben Furmann stellt hierzu folgende Gleichung auf:

**Motivation = Anziehungskraft des Ziels x Vertrauen auf Erfolg.**[37]

Soll heißen, Kinder kommen dann ins Handeln, wenn sich das Ziel für sie lohnt, aber auch wenn eine Chance besteht, die Herausforderung zu überwinden. Diese Erfahrung habe ich in der Beratung hochsensibler Kinder häufig gemacht. Hochsensible Kinder sind weder mit Belohnungssystemen zu locken, wenn das Ziel für sie keinen Sinn ergibt, noch werden sie aktiv, wenn der Erfolg in zu weiter Ferne scheint. Es benötigt beides.

Der Austausch mit den hochsensiblen Kindern ist deswegen so wichtig, weil nur auf diese Weise die wahren Beweggründe zum Beispiel für ein Boykottieren zum Vorschein kommen: *Was soll es für einen Sinn machen, wenn ich an der Klassenfahrt teilnehme? Warum soll ich in eine Sportgruppe, wenn ich mich im Alltag doch ausreichend bewege? Das Seepferdchen werde ich nie schaffen, dann lass ich es doch lieber gleich.* Diese und ähnliche Sätze hören Eltern häufig. Wenn Sie sich nun die Formel hernehmen, wird sicherlich schnell klar, an welcher Stelle es an Überzeugung mangelt. Ob nun die Angst eine der beiden Variablen abschwächt oder es sich andersherum verhält, immer ist es notwendig, mit hochsensiblen Kindern Strategien zu erarbeiten. Dabei gilt: Je mehr Informationen Sie Ihrem Kind geben, desto höher steigt der Faktor der Erfolgschancen. Beleuchten Sie die Situation gemeinsam von allen Seiten: „*Was kann im Schullandheim schlimmstenfalls passieren? Was könnte dir Sicherheit geben? Hilft es dir, zu wissen, bei wem du im Zimmer schläfst? Welches Programm geplant ist? Welche Lösung gibt es für deine Sorge?*" Je ausführlicher Sie mit dem Kind im Gespräch sind, desto mehr Sicherheit wird es gewinnen.

## Bewältigungsstrategien erarbeiten

Ist die Intensität der Gefühle abgeflacht, eröffnet sich wieder ein Zugang zu Gesprächen auf kognitiver Ebene. Besprechen Sie mit Ihrem Kind mehrere Handlungsmöglichkeiten und zeigen Sie ihm auf diese Weise, dass es sich nie in einer Sackgasse befindet. Dies wird dafür sorgen, dass sich die Ohnmacht reduziert, was wiederum die Angst abflachen lässt. Letztlich gibt es immer mehrere Wege und Möglichkeiten. Die Frage ist nur, welche Alternative diejenige ist, die für das hochsensible Kind gangbar ist und bei welcher Variante es eine Chance auf Erfolg gibt. Denn genau dies ist notwendig, damit das hochsensible Kind sein inneres Go gibt und bereit ist, sich an eine Umsetzung zu wagen.

Wenn es dann an die Umsetzung geht, sollten Sie Ihr Kind anfangs noch Schritt für Schritt durch die problematische Situation begleiten und Ihre Hilfe dann allmählich reduzieren.

Durch aktives Handeln erfährt das hochsensible Kind, das seine Kompetenzen gestärkt werden, und kann so längerfristig angstbesetzte Situationen eigenständig meistern. Ebenso ist es hilfreich, dem hochsensiblen Kind zusätzlich Stressbewältigungsstrategien beizubringen, um die Übererregung in angstbesetzten Situationen in den Griff zu bekommen (z. B. bewusstes Atmen, Entspannungsmethoden, Progressive Muskelentspannung). Sollte die Umsetzung misslingen und die Angst nach wie vor zu hoch sein, sollten Sie dies nicht als Problem darstellen. Signalisieren Sie in diesem Fall: „*Macht nichts, wir versuchen es ein andermal wieder!*"

## Wut

Hört man erstmalig von dem Thema Hochsensibilität und setzt sich damit noch nicht intensiv auseinander, stellt man sich meist ruhige, zurückhaltende Kinder vor. Wie sollen da Verhaltensweisen dazu passen, die mit Wut zu tun haben? Diese Frage stellte sich auch eine Großmutter, die bei einem Erstgespräch mit Tochter und Enkelin in meiner Praxis anwesend war. Sie konnte sich nicht vorstellen, dass ihre Enkelin hochsensibel sein sollte, und schilderte, wie massiv das Mädchen vorging, sobald die Großmutter von ihrem verstorbenen Mann sprach. Mit Tritten gegen die Oma, Worten wie „*Hau ab, lass mich in Ruhe*" und geworfenen Gegenständen tobte die Enkelin jedes Mal. Sollte das hochsensibel sein?

Wenn Kinder sonst sehr ausgeglichen und freundlich sind, irritieren solche Verhaltensweisen umso mehr. Doch wer annimmt, dass hochsensible Kinder stets angepasst und freundlich durch die Welt gehen, der irrt. Selbstverständlich werden auch hochsensible Kinder immer wieder von einem Gefühl der Wut übermannt. Sie erleben die gesamte Gefühlspalette ebenso wie alle anderen Kinder – und das ist auch gut so. Allerdings gibt es zwei wesentliche Unterschiede: Zum einen dauert es aufgrund der hohen Anpassungsfähigkeit von hochsensiblen Kindern viel länger, bis eine angestaute Wut herausbricht, zum anderen ist die Intensität des Gefühls dann viel stärker.

So unangenehm die Wut für alle Beteiligten ist, so wichtig ist sie als Signalgeber. Vorausgesetzt, man weiß sie richtig zu deuten. Meist liegen hinter der Wut primäre Gefühle wie Trauer, Enttäuschung, Angst, Verletzung oder Ähnliches. In den seltensten Fällen ist die Wut gewollt oder hat eine manipulative Komponente. Wut bedeutet in der Regel: *„Ich bin unter hoher Anspannung, mir geht es nicht gut, ich brauche Hilfe."* Eventuell erleichtert dieser Blickwinkel Ihnen die eine oder andere Situation. Vielleicht können Sie hinter die Fassade blicken und es ermöglicht sich dadurch bereits eine Verbundenheit zwischen Ihnen und Ihrem Kind, aus der heraus Sie Lösungen finden können. Aber eins nach dem anderen.

Gehen wir kurz zurück zu der Großmutter. Was wäre, wenn sie hinter die Fassade geschaut hätte? Wie sich im Laufe des Gespräches herausstellte, liebte das Mädchen ihren verstorbenen Opa sehr. Sie hatten eine tiefe Verbundenheit. Die Kleine steckte noch mitten in einer tiefen Trauer, die sie aufgrund ihres jungen Alters noch nicht allein bewältigen konnte. Mit jeder Erzählung der Großmutter riss dem Mädchen die Wunde über den Verlust des geliebten Opas wieder auf. Verzweiflung und Ohnmacht machten sich breit, die die Enkelin auf körperliche Weise von sich schieben wollte. Was wäre an dieser Stelle gewesen, wenn die Großmutter dem Kind trotz Wutanfall in den Arm genommen hätte und sie ihrer Trauer gemeinsam Raum gegeben hätten? Es hätte eine Verbindung zwischen beiden geschaffen, die eine Vorstufe der Trauerbewältigung gewesen wäre.

So skurril es sich anhören mag – und ich weiß um die kräftezehrende Situation, das können Sie mir glauben –, auch Wutausbrüche sind Chancen, um Wachstum zu ermöglichen. Vielleicht fragen Sie sich nun, ob Sie denn alles zulassen sollen. Nein. Definitiv nicht. Es gibt Wutanfälle, insbesondere wenn dabei Dinge oder Personen zu Schaden kommen können, da müssen Sie Wutanfälle stoppen und Grenzen setzen. Ganz klar. Der Grundtenor aber bleibt: Wenn Ihr Kind sich von der schlimmsten Seite zeigt, braucht es Sie am meisten. Es weiß sich mit einer intensiven Situation noch nicht selbst zu helfen. Wächst die Problemlösekompetenz, benötigt es die Wut auch nicht mehr in dem Maße wie in jüngeren Jahren.

## Vorbeugung – wo möglich

Wut taucht bei hochsensiblen Kindern oft unvermittelt auf. Meist liegt es daran, dass sie aufgrund ihrer Anpassung, die von außen sehr geschätzt wird, augenblicklich in eine Überreizung kommen, die dann wie ein Vulkanausbruch schlagartig und nicht immer vorhersehbar auftritt. Bildlich gesprochen brodelt es im Vulkan schon viel länger, bevor es zur Eruption kommt. Nach außen ist der vorhandene Druck nur durch Seismografen zu messen.

Es kann hilfreich sein zu lernen, erste Anzeichen von Anspannung zu erkennen und entsprechende Signale ernst zu nehmen. Auf diese Weise können Sie vorbeugend handeln. So zum Beispiel, wenn ein Kind aufgrund von Unterzuckerung unruhig und schwächlich wird. Bevor es in irgendeiner Form eskaliert, wäre ein Snack eine vorbeugende Maßnahme.

Oder betrachten wir noch einmal die Schwimmbadszene aus dem Abschnitt „Wenn das Maß voll ist“, s. S. 94. Das sonst so freundliche Mädchen begann zu jammern und gegenüber der Mutter patzig zu werden. Ihm Pause und Erholung zu ermöglichen, war genau die richtige Strategie der Mutter, um das Mädchen wieder ins Gleichgewicht zu bringen. Des Weiteren kann es helfen, fünf Minuten früher vom Spielplatz oder früher ins Bett zu gehen. Vorausschauendes Denken und Vorausplanen kann bereits einige kritische Momente abfangen.

Vorbeugen kann aber auch heißen, dem Kind in vielen kleinen Situationen Selbstvertrauen zu vermitteln und mit ihm Problemlösefähigkeiten zu erarbeiten. Besprechen Sie in ruhigen Minuten mit Ihrem Kind: Was mag die Wut mir sagen? Wo im Körper spüre ich dieses Gefühl? Wie kann ich geballte Energie entladen? Diese und ähnlich gelagerte Gespräche dienen langfristig dem besseren Verständnis und wirken damit stärkend auf ihr Kind.

## Verbinden – wo nötig

Da hochsensible Kinder viel mit sich selbst ausmachen und ihr intensives Innenleben nicht immer teilen, lassen sich Warnsignale für uns Erwachsene nicht immer erkennen. Tritt dann ein Wutausbruch auf, versuchen Eltern oftmals, ihre Kinder mittels vieler Worte und logischer Argumente zu beruhigen. Ein schwieriges Unterfangen. Das wäre vergleichbar mit folgender Situation: Ihr Kind stürzt vom Fahrrad und Sie erklären ihm erst einmal ausführlich, dass es langsamer fahren, rechtzeitig bremsen usw. hätte sollen, bevor sie sich der blutenden Wunde zuwenden und diese verarzten.

Hochsensible Kinder benötigen unsere Nähe und Fürsorge bei emotionalen Ausbrüchen genauso wie bei körperlichen Schmerzen. Dahinter steckt immer eine Not, die ernst genommen werden will.[38] Der Impuls, den Zögling bei einem Wutausbruch zur Rede zu stellen, ist verständlich. Aber solange das limbische System in einem Alarmzustand steckt, werden Sie mit Vernunft nicht weiterkommen. Vielleicht haben Sie dies schon etliche Male erlebt. Ihr hochsensibles, eigentlich sehr logisch denkendes Kind ist in Momenten der Übererregung auf rationaler Ebene nicht ansprechbar. Es benötigt bildlich gesprochen zunächst eine Erste Hilfe – oder in Worten von Daniel Siegel und Tina Bryson gesprochen ein Sich-Verbinden mit dem Kind. Der Vorteil: Eine hergestellte Verbindung beruhigt das Gemüt und macht das Kind empfänglich für ein Gespräch. Zeitgleich reißt das Band zu Ihrem Kind in dem Augenblick nicht, sondern Sie bleiben in Verbindung miteinander. Da hochsensible Kinder in der Übererregung sprachlich nicht gut erreichbar sind, sollten Sie am besten nonverbale Signale senden wie eine sanfte Berührung, ausgestreckte Arme, ein sanfter, verstehender Blick. Dadurch wird das Stresshormon gesenkt und Ihr Kind kann sich beruhigen.

Nun verlangt diese Vorgehensweise von uns viel Selbstdisziplin, Zeit, Ruhe und Kraft. Ressourcen, die uns als Eltern nicht immer zur Verfügung stehen. Ich denke, da dürfen wir alle ehrlich sein. Freuen Sie sich über jede Gelegenheit, in der Sie einen Wutausbruch auf diese Weise geregelt bekommen, denn Sie trainieren damit die Kompetenzen Ihres Kindes. Sollten Sie nicht fähig sein, Ihrem Kind nach einem heftigen emotionalen Ausbruch Trost zu spenden, sich mit ihm zu verbinden und es innerlich abzuholen, benötigt es anderweitige Strategien. So beispielsweise, wenn jeder der Beteiligten zunächst eine räumliche Distanz einnimmt und schaut, wie er selbst zur Ruhe kommen kann, um dann wieder in Kontakt zu treten. Das Kind könnte beispielsweise in sein Zimmer gehen und eine Runde Lego spielen, bevor Sie und Ihr Kind wieder zusammenkommen, oder

Ihr Kind könnte sich motorisch austoben, zum Beispiel durch Trampolinhüpfen. Natürlich hängt die jeweilige Strategie auch vom Alter des Kindes ab. Sie sollten in keinem Fall einen bestrafenden Satz äußern wie: *„Du gehst jetzt in dein Zimmer und kommst erst wieder heraus, wenn du dich beruhigt hast.“* Hier wäre die räumliche Distanz keine konstruktive Lösung, sondern eine Strafe und würde das hochsensible Kind weiter in die Emotionalität treiben.

Wir sollten dem Drang widerstehen, bei einem Wutausbruch sofort zu bestrafen oder zu belehren. Umleiten ist notwendig, aber nicht im ersten Moment. Solange hochsensible Kinder dysreguliert sind, ist das Nervensystem überlastet. Je mehr wir reden, desto stärker wird das Nervensystem beansprucht. Wenn wir uns mit dem Kind verbinden, ist es viel mehr bereit, Gespräche über Regeln, Respekt und angemessenes Verhalten zu führen.

## Ursachen ergründen

Haben wir uns mit unseren Kindern verbunden, können wir uns an die Ursachenforschung machen. Nicht selten kommt es vor, dass sie aus der geschaffenen Ruhe heraus von sich aus beginnen zu erzählen. Hören Sie genau zu, zeigen Sie Interesse und nehmen Sie die Sichtweise ernst. Unterbrechen Sie nicht vorzeitig, weil Sie gegensätzliche Sichtweisen erläutern wollen. Niemals sollten Sie das Gespräch im Sinne eines Verhörs führen, indem Sie das Kind beispielsweise in die Enge treiben mit Fragen wie *„Wie konntest du das nur tun?“*, *„Warum hast du deinen Kopf nicht eingeschaltet?“*, *„Denkst du eigentlich jemals an den anderen?“*. Damit würden Sie die Gesprächsbereitschaft im Keim ersticken. Stellen Sie stattdessen interessierte Fragen, die Sie auf die Spur der dahintersteckenden inneren Nöte und Bedürfnisse führt. Hat Ihr hochsensibles Kita-Kind am Vormittag mehrmals erlebt, dass es ausgeschlossen wurde und nicht mitspielen durfte? Wurde es gehänselt und zu Hause vom Geschwisterkind auch noch geärgert? Oder wollte es unbedingt noch sein Legohaus fertig bauen, bevor es auf den Spielplatz geht?

Wütende Kinder haben immer Gründe, auch wenn diese nicht leicht zu durchschauen sind. Die Wut kann Ausdruck einer Überreizung, aber genauso von Trauer, Kontrollverlust, Ohnmacht, Ungerechtigkeit, Frustration oder Kränkungen sein. Kennen Sie die Hintergründe, können Sie leichter zum nächsten Schritt übergehen und Lösungen finden.

## Lösungen besprechen

Haben wir uns verbunden, die Ursache des Wutausbruchs gefunden und ist das Kind innerlich zur Ruhe gekommen und bereit für ein Gespräch, dann können Sie mit dem Umleiten, dem Suchen nach Lösungen, dem Erläutern der Situationen starten. Versuchen Sie herauszufinden, was Ihr Kind empfindet. Lassen Sie es aus der Ruhe heraus berichten, wie es zu dem Ausbruch kam, welche Erlebnisse vorangegangen sind. Wenn es von sich aus nicht erzählt, können Sie hilfreiche Fragen dazu stellen: *„Ich würde gerne verstehen, weshalb du wütend bist. Was hat dich in Wut versetzt? Was wünschst du dir? Was brauchst du, damit es dir besser geht?"*

Fassen Sie die Äußerungen des Kindes anschließend zusammen, um festzustellen, ob Sie es richtig verstanden haben. Auf diese Weise gehen Sie der Wut einfühlsam auf den Grund.

Besprechen Sie mit Ihrem Kind mehrere Handlungsmöglichkeiten. *„Was kannst du nächstes Mal tun, wenn dich niemand* *mitspielen lässt? Was kannst du tun, wenn du gehänselt wirst? Was tut dir gut, wenn plötzlich alles zu viel wird? Wenn dich die Trauer überrollt?"* Wenn Sie gemeinsam mit Ihrem Kind nach aktiven Lösungsmöglichkeiten suchen, reduzieren Sie die Ohnmacht, die unter Umständen zur Wut geführt hat. Wie bei der Angst gilt: Zeigen Sie Ihrem Kind zusätzlich Bewältigungsstrategien, um die Übererregung in den Griff zu bekommen (z. B. bewusstes Atmen, Entspannungsmethoden, ermutigende Selbstgespräche, Progressive Muskelentspannung). Gehen Sie mit Ihrem Kind anfangs noch Schritt für Schritt durch die problematische Situation und reduzieren Sie dann allmählich Ihre Hilfe. Durch aktives Handeln erfährt das hochsensible Kind, dass seine Kompetenzen gestärkt werden, und kann so längerfristig emotionsgeladene Situationen eigenständig meistern.

## Umgang mit Fehlverhalten[39]

Hochsensible Kinder haben häufig schon von Kindesbeinen an ein sehr ausgeprägtes Moralbewusstsein. Durch ihre Beobachtungsgabe und hohe Reflexionsfähigkeit verinnerlichen sie sehr früh, welche Verhaltensweisen angebracht oder unerwünscht sind, was richtig oder falsch ist. Auch Regeln nehmen sie rasch an und sind darauf bedacht, diese ordnungsgemäß umzusetzen. Dies liegt teils an ihrem perfektionistischen Bestreben, alles richtig zu machen, teils an der Tendenz, Kritik oder Strafe zu vermeiden, aber auch an dem ausgeprägten Wunsch, andere nicht zu enttäuschen. Durch die Fähigkeit, Geschehnisse detailliert wahrzunehmen, zu reflektieren und eigenes Verhalten zu überdenken, bevor sie handeln, gelingt ihnen dieser hohe Anspruch in der Regel auch.

Schwierige Verhaltensweisen zeigen sich dann, wenn das hochsensible Kind aus dem inneren Gleichgewicht ist, sich unverstanden und ungerecht behandelt fühlt oder schlicht überreizt ist. Nach Gefühlsausbrüchen oder Regelverstößen sind hochsensible Kinder für gewöhnlich sehr unglücklich und bestrafen sich selbst mit einem Übermaß an Selbstkritik. Viele Eltern berichten, dass es nach einem Regelbruch vollkommen ausreicht, mit ihren hochsensiblen Kindern ein ruhiges Gespräch zu führen. Eltern, die trotzdem eine Strafe verhängen, erleben indes, dass sich die Gefühlsausbrüche verstärken. Damit signalisiert das Kind, dass die Kombination aus Selbstkritik und Strafe von außen eine nicht auszuhaltende Bürde ist. Den Einsatz von logischen Konsequenzen halte ich aus meiner Erfahrung heraus für die beste erzieherische Maßnahme. Auf diese Weise lernt das Kind, dass es einen Zusammenhang gibt zwischen Aktion und Reaktion – und auch, dass es Missstände wiedergutmachen kann.

Steckt Ihr Kind mit seinen Emotionen in einer Übererregung, so ergibt es wenig Sinn, die Situation mit kognitiven Argumenten zu entschärfen. Denken Sie daran, dass Ihr Kind während eines hohen Erregungsniveaus im Kampf-oder-Flucht-Modus steckt und kognitiv nicht erreichbar ist. Deswegen ist es hilfreich, ein hochsensibles Kind zunächst zu beruhigen, bevor es darum geht, logische Konsequenzen zu besprechen.

## Anhaltspunkte für klärende Gespräche

- Sprechen Sie das unerwünschte Verhalten deutlich an (halten Sie dabei die Übererregung im Blick) und weisen Sie zeitgleich darauf hin, dass es um diese eine Situation geht und nicht darum, das Kind zu degradieren. Dies ist insofern wichtig, als hochsensible Kinder diesen Fehler leider selbst häufig begehen und nach einem Fehler meist an ihrer gesamten Person zweifeln.

- Sprechen Sie mit Ihrem Kind wenn möglich in ruhigem Ton. Da hochsensible Kinder bereits kleinste Veränderungen in Mimik und Gestik wahrnehmen, reicht dies oft aus. Lautes Schimpfen löst bei manchen hochsensiblen Kindern Angst und Schrecken aus. Dies sorgt dafür, dass sie sich verkrampfen, nicht aber für konstruktives Lösen eines Problems oder Konfliktes.
- Berücksichtigen Sie wenn möglich, was in Ihrem Kind gefühlsmäßig vorgeht. Oftmals hat es den Anschein, als würde das hochsensible Kind sich absichtlich schlecht benehmen, die eigentliche Ursache liegt aber unter Umständen in überwältigenden Situationen oder Ungerechtigkeiten, mit denen es zu kämpfen hat (siehe auch das Kapitel „Bedürfnisse wahrnehmen", s. S. 91.

Noch ein Hinweis: Vermeiden Sie Aussagen, die das Kind in die Enge treiben. Fragen oder Aussagen wie *„Wie konntest du das tun?"*, *„Sei nicht so emotional/ängstlich/wütend"*, *„Dein Verhalten stresst mich ungemein"* führen zu nichts außer der Tatsache, dass sich das Kind zurückgewiesen und unverstanden fühlt und sich zurückziehen wird. Dabei wäre ein offener Dialog über die Situation viel hilfreicher. Die Art des Fragens hat eine erhebliche Auswirkung darauf, wie das Gespräch verlaufen wird.

## 3.3 Schlafprobleme

Laut einer praxisinternen Elternumfrage zeigen sich bei 47 Prozent der hochsensiblen Kinder Einschlafschwierigkeiten, 35 Prozent der Eltern berichten von Schlafschwierigkeiten ihrer Kinder in Zusammenhang mit besonderen Situationen

(z. B. Einschulung, anstehender Geburtstag etc.). Das Thema scheint viele Familien mit hochsensiblen Kindern im Griff zu haben. Meist gehören Überstimulation, Sorgen und Ängste zu den häufigsten Ursachen für Schlafschwierigkeiten. Aufgrund dessen möchte ich an dieser Stelle für die Hintergründe sensibilisieren. Es ist wichtig, präventive Maßnahmen zu ergreifen, damit Sie vermeiden können, dass sich tiefgreifende Störungen entwickeln. Liegt bereits eine klinisch relevante Schlafstörung vor, bedarf diese einer psychotherapeutischen Maßnahme.

Stellen Sie sich folgende Szene vor: Sie sitzen im Büro und arbeiten an einem bestimmten Auftrag. Während Ihrer Arbeit erhalten Sie kontinuierlich Nachrichten per E-Mail, das Telefon klingelt, Ihr Chef legt Ihnen weitere Aufgaben auf den Schreibtisch, Ihr Kollege hat eine dringende Frage an Sie usw. Wie gehen Sie vor? Sie beurteilen, welche der Aufgaben dringend sind. Alle anderen Dinge legen Sie in die Zwischenablage – ob ganz praktisch oder virtuell. Wann bearbeiten Sie diese? Wenn Ruhe einkehrt, der Chef vielleicht schon gegangen ist und die Kollegen im Feierabend sind.

Genauso verhält es sich bei hochsensiblen Kindern. Ihr Gehirn arbeitet den ganzen Tag über auf Hochtouren, ist damit beschäftigt, Informationen aufzunehmen, zu verarbeiten, Anforderungen umzusetzen und Bedürfnissen des Umfeldes gerecht zu werden. Da das Gehirn nicht alle Informationen gleichzeitig bearbeiten kann, werden Informationen auch bei hochsensiblen Kindern in einer Art Zwischenablage gelagert. Spätestens abends, wenn im Bett Ruhe einkehrt, beginnt das Gehirn auf Hochtouren das zu verarbeiten, was tagsüber keinen Raum fand. *„Warum bloß hat meine beste Freundin mich heute so seltsam von der Seite angeschaut und mit meiner Banknachbarin in der Schule getuschelt? Was mache ich nur mit den fehlenden Hausaufgaben, mit dem Fleck in meinem Schulheft? Was, wenn wir morgen* *einen unangekündigten Test schreiben? Und wie wohl der Schulausflug nächste Woche wird?*" Verständlich, dass so nicht an Schlaf zu denken ist.

## Ursachen finden

Die Hintergründe für Schlafprobleme sind sehr vielfältig. In den häufigsten Fällen zeigen sich bei hochsensiblen Kindern Einschlafprobleme aufgrund der oben genannten Reizüberflutung während des Tages. Aber auch andere Gründe können das Ein- oder Durchschlafen behindern. Bei der Ursachenforschung sollte die allgemeine Schlafhygiene genauso beachtet werden wie das aktuelle Erregungsniveau des hochsensiblen Kindes.

Bezüglich der allgemeinen Schlafhygiene hilft es, über folgende Fragen zu reflektieren:

- Wie sieht die Abendgestaltung des Kindes aus?
- Liegt der Zeitpunkt des Abendessens unmittelbar vor der Zubettgehzeit?
- Was wird vor dem Schlafengehen gegessen und getrunken (schwere Speisen, koffeinhaltige Getränke)?
- Gibt es bereits Abendrituale und wie konsequent werden diese umgesetzt?
- Ist das Kind abends emotional und kognitiv stark beansprucht?
- Wie halten Sie es mit der Schlafhygiene, wie hoch ist die Raumtemperatur, der Geräuschpegel etc.?
- Ist der Tagesablauf des Kindes strukturiert oder unstrukturiert?
- Kennt das Kind bereits Entspannungsverfahren? Wird es von Ängsten geplagt?

Daneben können Sie weitere Fragen mit einbeziehen, die den emotionalen Bereich in den Fokus nehmen, der bei hochsensiblen Kindern oft eine entscheidende Rolle spielt:

- Mit welchen Herausforderungen ist Ihr Kind aktuell konfrontiert?
- Hat es Entwicklungsschritte zu bewältigen?
- Steht es unter Grundanspannung oder einer übermäßigen Erschöpfung?
- Welche Gedanken und Gefühle hat es zu verarbeiten, beispielsweise aufgrund sozialer oder schulischer Herausforderungen?

All diese Fragen sind relevant, wenn Lösungen für Einschlafschwierigkeiten gefunden werden wollen. Eine allgemeingültige Technik gibt es nicht.

## Lösungen erarbeiten

Stellen Sie sich vor, der Weg zu einem gesunden Schlaf ist wie die Arbeit an einem Mischpult. Indem wir verschiedene Signale bearbeiten, anpassen und verstärken, entsteht am Ende ein harmonischer Klang. Ähnlich verhält es sich mit dem Schlaf. Um eine erholsame und stärkende Nachtruhe zu haben, sollte an unterschiedlichen Bereichen angesetzt werden.

Es ist zu kurz gegriffen, wenn der Fokus nur auf der Abendgestaltung liegt. Auch der gesamte Tagesverlauf spielt neben den aktuellen emotionalen Herausforderungen eine entscheidende Rolle. Schauen Sie sich die unterschiedlichen Elemente in Ruhe an. Vielleicht entdecken Sie Bereiche, die für Sie und Ihr Kind bereits selbstverständlich sind. Oder Sie stellen fest, dass an dem einen oder anderen Punkt nachjustiert werden könnte. Letzten Endes heißt es, den Weg zu finden, der für Sie und Ihre Familie stimmig ist.

## *Die Tagesgestaltung*

### Ausreichend Bewegung während des Tages

Insbesondere Schulkinder sitzen für gewöhnlich sehr lange sowohl in der Schule als auch am Schreibtisch. Dadurch kann Ihr Kind üblicherweise seine kognitive Beanspruchung nicht ausgleichen, der Körper erfährt nicht genügend Auslastung, wodurch sich auch keine Müdigkeit einstellt. Sorgen Sie dafür, dass Ihr Kind mindestens einmal am Tag die Möglichkeit hat, Sport zu treiben, sich zu bewegen oder zumindest an der frischen Luft aufzutanken.

### › Strukturierung des Tagesablaufes

Je überschaubarer und kontrollierter ein Tagesablauf ist, desto leichter fällt es hochsensiblen Kindern, den Abend in seiner Struktur zu akzeptieren. Gleichzeitig führt ein regelmäßiger Ablauf dazu, dass das Kind nicht allzu sehr in emotionale, überfordernde Gefühlszustände gerät. Der Alltag in Kindergarten und Schule sorgt an sich schon für genügend Herausforderungen.

### › Ruhe einkehren lassen

Wichtig ist es, dass hochsensible Kinder vor der Schlafenszeit bereits die Möglichkeit haben, einen Gang herunterzuschalten, alles zu verarbeiten und zur Ruhe zu kommen. Toben, energiereiches Spielen, Fernsehen oder Computerspiele können den Kreislauf des Kindes in Schwung bringen und die notwendige Ruhe stören.

### › Nahrungsaufnahme beachten

Sorgen Sie dafür, dass Ihr Kind nicht unmittelbar vor der Schlafenszeit isst. Vor allem schweres Essen und koffeinhaltige Getränke sollten hochsensible Kinder vermeiden.

### › Das Bett als Wohlfühlort

Zur Schlafhygiene gehört, dass die äußeren Rahmenbedingungen stimmen. Ein Zimmer, das lauten Geräuschen ausgesetzt ist, kann Kinder mit einer ausgeprägten Wahrnehmung am Einschlafen hindern. Ebenso kann eine ungünstige Raumtemperatur stören oder auch der Blick vom Bett in ein unaufgeräumtes Zimmer. Bedenken Sie, dass hochsensible Kinder Außenreize intensiver wahrnehmen, und tragen Sie dem Rechnung.

### › Rituale einführen

Hilfreich kann es sein, abends mit dem Kind eine Runde um den Block zu laufen und Gespräche zu ermöglichen, um Sorgen loszuwerden, bevor es ins Bett geht. Oder Sie könnten ein „Was ist heute gut gelaufen?“-Tagebuch einführen oder ein „Dankbarkeitsgespräch“, bei dem jedes Familienmitglied am Ende des Tages noch einmal schöne Erlebnisse benennen kann, wobei alle Familienmitglieder beteiligt werden. Dies sorgt für ein positives Gefühl am Ende des Tages und verhindert, dass die Kinder einem negativen Gefühl nachhängen, das sie am Schlafen hindert.

### › Abendlichen Medienkonsum vermeiden

Filme, PC-Spiele und Ähnliches sorgen dafür, dass Emotionen in den Kindern aufkeimen, die unter Umständen nicht beruhigend wirken, sondern sie hellwach werden lassen. Diese sind am Ende des Tages dringend zu vermeiden.

### › Einen festen Ablauf planen

Hochsensible Kinder profitieren von einem immer gleichen Ablauf des Abends. Zum Beispiel: Abendbrot, Gesprächsrunde über den Tag, Gang ins Bad, Gute-Nacht-Geschichte, Dankbarkeitsrunde und Gute-Nacht-Kuss. Je nach Alter und Familiensituation kann der Ablauf ganz unterschiedlich sein. Finden Sie Ihre eigenen Abläufe. Je öfter Sie danach vorgehen, desto leichter wird sich das Kind an die Vorgehensweise gewöhnen und sich darauf einlassen. Dann kann es zwar immer noch sein, dass an manchen Tagen starke Emotionen das Einschlafen behindern, aber trotzdem erreichen Sie eine gewisse Konstanz.

### › Körperkontakt zulassen

Körperkontakt am Ende des Tages kann dem Kind ein Gefühl von Nähe, Sicherheit und Geborgenheit vermitteln. Gleichzeitig wird Oxytocin ausgeschüttet, ein Bindungshormon, das als Glückshormon bekannt ist und beruhigende Wirkung haben kann. Stellen Sie sich das Zubettgehen wie eine Verabschiedung vor. Das Kind muss sich von Ihnen und seinen Geschwistern trennen und allein durch die Nacht. Körperkontakt kann als eine Art Abschiedsritual hilfreich sein.

## *Das Erregungsniveau des hochsensiblen Kindes*

### › Beachtung des reichen Innenlebens eines hochsensiblen Kindes

Hochsensible Kinder hängen abends oft ihren Gefühlen nach und werden Sorgen, Ängste und Anspannung nicht los. Hier können Entspannungsübungen wie die Progressive Muskelentspannung, Entspannungsmusik, Fantasiereisen, Autogenes Training, Massagen und Atemübungen dienlich sein.

### › Das Gedankenkarussell anhalten

Jeder kennt Grübelfallen – Gedanken, die ins Unendliche gehen und am Ende zu nichts führen außer zur Beunruhigung. Hier hilft es, eine Art Gedankenmeditation einzuführen. Stellen Sie sich mit Ihrem Kind vor, Gedanken seien Szenen eines Kinofilms. Sie tauchen auf – und schon ist die nächste Szene auf der Bildfläche. Hochsensible Kinder müssen lernen, Gedanken kommen und gehen zu lassen. Martin Luther formuliert es treffend: „Dass die Vögel der Sorge und des Kummers über deinem Haupt fliegen, kannst du nicht ändern. Aber dass sie Nester in deinem Haar bauen, das kannst du verhindern."

## Schlafrituale von Eltern hochsensibler Kinder[2]

- Gleichbleibende Zubettgehzeit,
- Rückenmassage,
- gemeinsames Kuscheln,
- Gespräch über den Tag,
- Gute-Nacht-Geschichte,
- Einschlaflied,
- schlafen in „Höhle",
- gedämpftes Licht,
- sanfte Musik,
- Einsatz eines Traumfängers,
- Gebet.

2 Ergebnisse einer praxisinternen Elternumfrage.

## 3.4 Stressmanagement

Stress ist sicherlich die Zivilisationskrankheit Nummer eins. In einem hektischen Alltag haben wir die natürliche Balance zwischen An- und Entspannung verloren. Man muss nicht unbedingt hochsensibel zu sein, um durch die permanente Informationsflut und die vielfältigen Herausforderungen unserer komplexen Welt in Stress zu geraten. Nun sind Hochsensible durch ihre differenzierte Wahrnehmungsverarbeitung per se schon leichter stressanfällig. Umso wichtiger ist es, im Alltag aktiv nach Wegen zu suchen, wie eine Balance hergestellt werden kann und erhalten bleibt. Dies gilt gleichermaßen für Kinder wie für Eltern. Dabei ist es in unserer schnelllebigen Gesellschaft unrealistisch zu denken, dass eine Balance dauerhaft möglich ist. Wir müssen sie aktiv steuern, um den Zustand eines inneren Gleichgewichts immer wieder zu ermöglichen.

### Stressmanagement für die Kinder

Wie Sie bereits wissen, nimmt ein hochsensibles Kind viel mehr Informationen aus seinem Umfeld auf als andere. In Summe führt dies häufiger zu einem Zustand der Überstimulation und Überreizung und sorgt damit für Stress. Doch nicht nur die Überreizung kann Stress auslösen, auch Stresserleben durch Überforderung macht den Kindern zu schaffen. Situationen, die uns Erwachsenen harmlos erscheinen, setzen hochsensible Kinder unter Spannung, weil ihnen Bewältigungsstrategien fehlen.

Stresserleben steht immer in Zusammenhang mit der persönlichen Bewertung des Betroffenen. *„Kurz gesagt kommt es demnach zu Stress, wenn in einer als potenziell stressig wahrgenommenen Situation die vorhandenen Bewältigungsmöglichkeiten als* *unzureichend angesehen werden. Stress entsteht also dann, wenn die wahrgenommenen Anforderungen die wahrgenommenen Bewältigungsmöglichkeiten übersteigen*“[40], so die Darstellung von Arnold Lohaus et al. Das heißt, Stress taucht immer dann auf, wenn ein Kind einer Anforderung gegenübersteht und aufgrund seiner Bewertung davon ausgeht, dass diese nicht zu meistern ist.

Da hochsensible Kinder grundsätzlich vorsichtiger und weniger risikobereit sind (siehe auch den Abschnitt „Persönlichkeit entfalten – Selbstvertrauen stärken“, s. S. 74, kommt es nicht von ungefähr, dass es bei ihnen viel mehr Stressauslöser gibt als bei anderen und dadurch auch mehr Stresshormone freigesetzt werden.

## Stressoren

Ungeübte Beobachter bemerken eine Überreizung bei hochsensiblen Kindern nicht unmittelbar. Dies erschwert es, Stressoren zu identifizieren. In vielen Fällen braucht es, wie bereits im Kapitel „Bedürfnisse wahrnehmen“, s. S. 91, erläutert, eine Art Übersetzungshilfe. Insbesondere in der frühen Kindheit sind hochsensible Kinder noch nicht fähig, ihre Gefühle zu benennen. Zudem zeigen sie die ganze Palette vorhandener Emotionen nur engen Bezugspersonen, also Menschen, bei denen sie sich sicher fühlen. Dies liegt daran, dass hochsensible Kinder außerhalb ihrer Komfortzone meist lieber angepasst sind und alle Reserven zusammennehmen, um nicht aufzufallen. Reizüberflutete Kinder werden daher meist erst im familiären Umfeld quengelig, beklagen sich, werden patzig oder ziehen sich zurück und wollen ihre Ruhe. Die Bandbreite an Verhaltensweisen ist sehr groß und reicht von Wutausbrüchen, Quengeln, psychosomatischen Beschwerden bis hin zu Rückzugsverhalten.

Manche Kinder zeigen wiederum in angespanntem Zustand (!) ähnliche Verhaltensweisen und Symptome wie Kinder mit einer Aufmerksamkeitsstörung: Sie werden unruhig, rastlos und unkonzentriert.

An dieser Stelle zeigt sich sehr deutlich, welche Strategie das Kind bereits erlernt hat. Zieht es sich automatisch aus einer stressigen, überfordernden Situation zurück und sucht sich Ruhemöglichkeiten, um zu regenerieren, so nennt man das eine aktive Selbststeuerung. Andere Kinder wiederum sind von ihren Emotionen und der jeweiligen Situation so überwältigt, dass sie keinen Ausweg aus der unangenehmen Situation sehen. Diese Verhaltensweise nennt man passive Selbststeuerung. Kinder mit einer passiven Selbststeuerung müssen zunächst von den Erwachsenen lernen, welches Gefühl ihrem Verhalten zugrunde liegt (dem Gefühl einen Namen geben), was dieser Gefühlszustand zu bedeuten hat, wie es dazu kommen konnte und insbesondere, welche Lösungsmöglichkeiten es gibt. Je öfter die Vorgehensweise trainiert wird, desto leichter wird das Kind eine eigene, aktive Selbststeuerung erlernen.

Nehmen Sie sich die Zeit und notieren Sie die Stressfaktoren Ihres Kindes. Je klarer Sie die Situationen, die Stress auslösen können, benennen, desto leichter können Sie Abhilfe schaffen. Gehören Geburtstagspartys, Arztbesuche oder Stress in der Schule dazu? Oder vielleicht das schlechte Wetter, die Tagesnachrichten mit den neuesten Katastrophen, Konflikte mit anderen Kindern? Selbst freudige Anlässe wie Familienfeste, Treffen mit Freunden oder eine Übernachtung bei den Großeltern können bei hochsensiblen Kindern zu einer Überreizung führen. Wenn Sie wissen, welche Momente bei Ihrem Kind Stress auslösen, können Sie aktiv Fürsorge walten lassen.

## Stressreaktionen

Fällt es Ihnen schwer, einzelne Stressoren zu benennen? Dann gehen Sie umgekehrt vor. Beobachten Sie Ihr Kind genau und identifizieren Sie Verhaltensweisen, die auf Stress hindeuten. Wie verhält sich Ihr Kind in der Übererregung? Hier einige Verhaltensweisen, die auf Stress hindeuten:

- Regressionsverhalten, sprich das Kind fällt in eine frühere Entwicklungsstufe zurück (es beginnt zum Beispiel wieder, einzunässen, obwohl es bereits trocken war);
- Neigung, Probleme aufzubauschen;
- übersteigerte Gefühle;
- psychosomatische Beschwerden;
- Schlafprobleme, Albträume, vermehrtes Schlafbedürfnis;
- größere Anhänglichkeit, Klammern;
- Hang zur Isolation (im Haus bleiben);
- Unaufmerksamkeit.

Welche Anzeichen zeigt Ihr Kind?

## Stressbewältigung[41]

Unter Stress zu stehen, bedeutet immer, aus dem Gleichgewicht zu sein. Bildlich gesprochen ist die Waagschale mit all den Herausforderungen, die Stress und Unruhe ausgelöst haben, übervoll, während in der Waagschale, die für Entspannung und innere Ruhe steht, wenig ins Gewicht fällt. Bewegt sich die Schale nur in eine Richtung, tritt ein Ungleichgewicht ein. Um das innere Gleichgewicht wiederherzustellen, ist es notwendig, sowohl kurzfristige als auch langfristige Strategien zu entwickeln, die Stress reduzieren.

*„Untersuchungen zur Dynamik von Stress und Erholung haben zum einen gezeigt, dass auf jede Stress- und Anspannungsphase eine Erholungs- und Entspannungsphase folgen muss, damit der Organismus nicht erkrankt. Dabei wirkt sich die Art und Dauer der Stressphase wiederum auf die Erholungsphase aus"*[42], so der Tenor von Linda Lehrhaupt und Petra Meibert. Ebenso betonen die Autoren, dass zur Stressbewältigung Maßnahmen auf mehreren Ebenen notwendig sind: körperlich, gedanklich, emotional und verhaltensspezifisch.[43] Hier einige Ideen:

› Sorgen Sie für regelmäßige Auszeiten innerhalb des Tagesverlaufs

Hochsensible Kinder benötigen innerhalb eines Tages immer wieder Zeiten, in denen sie nichts tun oder ganz in ihre eigene Gedankenwelt abtauchen können. Schaffen Sie solche Rückzugsmöglichkeiten, indem das hochsensible Kind eine bestimmte Zeit ganz für sich allein sein kann.

› Schaffen Sie gleichbleibende, wiederkehrende Tagesabläufe

Hochsensible Kinder lieben und brauchen in der Regel feste Rituale innerhalb des Tagesablaufs. Sie geben ihnen Sicherheit und halten das Erregungsniveau dadurch auf niedrigem Level.

› Reduzieren Sie Freizeitaktivitäten auf ein zu bewältigendes Maß

Hochsensible Kinder benötigen eine Tages- und Wochenplanung, in der viele Ruhephasen eingeplant sind. Hierfür ist es notwendig, die Menge an fest eingeplanten Aktivitäten zu reduzieren und diese so auszuwählen, dass dabei Neigungen, Stärken und Vorlieben ihren Platz finden.

› Reduzieren Sie Außenreize

Während Entspannungs- und Erholungsphasen ist es wichtig, akustische und visuelle Reize zu reduzieren. Entfernen Sie zum Beispiel lautes Spielzeug, schalten Sie Fernseher oder Radio ab. Aber auch grundsätzlich gilt: Gestalten Sie die Umgebung des hochsensiblen Kindes, wie zum Beispiel das Kinderzimmer, ruhig und geordnet, und kreieren Sie eine „Wohlfühlzone".

› Sorgen Sie für ausreichend Schlaf

Auch wenn hochsensible Kinder Schwierigkeiten mit dem Ein- oder Durchschlafen haben, ist es wichtig, die Notwendigkeit des Schlafs im Blick zu halten und dem Kind genügend zeitlichen Raum für den Schlaf zu schaffen.

› Bieten Sie Ihre Zuwendung an

Welche Form der Zuwendung Sie wählen, hängt von der Situation, den Vorlieben des Kindes und seinem Alter ab. Möglich sind zum Beispiel stressreduzierende Gespräche (in denen Not, Angst, Stress verbal abgeladen werden können), stilles Beieinandersitzen, das signalisiert: *„Ich bin für dich da"*, oder auch körperliche Zuwendung durch Kuscheln, Im-Arm-Halten oder eine wohltuende Massage. Entwickeln Sie eigene Rituale mit Ihrem Kind.

### › Setzen Sie Entspannungsverfahren ein

Entspannungsübungen wie die Progressive Muskelentspannung, Entspannungsmusik, Fantasiereisen, autogenes Training, Massagen und Atemübungen helfen, Stress abzubauen.

### › Die Bedeutung von Bewegung

Im Zustand von Stress wird das Stresshormon Adrenalin ausgeschüttet. Sinkt der Stresspegel nicht, sondern bleibt er über längere Zeit gleichbleibend, schaltet der Körper auf Dauerstress um. In diesem Fall wird das Stresshormon Cortisol ausgeschüttet. Laut einer Studie von Jerome Kagan ist das Cortisolvorkommen bei hochsensiblen Kindern (Kagan spricht von „gehemmten" Kindern) höher als bei anderen.[44] Dies ist wichtig zu wissen. Denn Stresshormone lassen sich nur durch körperliche Bewegung abbauen. Welche Art der Bewegung dabei zum Zug kommt, ist unerheblich. Hilfreich ist, was Spaß macht und guttut. Das kann ein Spaziergang in der Natur sein, eine bestimmte Sportart, Toben unter freiem Himmel oder das Hüpfen auf dem Trampolin. Suchen Sie nach einer bestimmten Sportart für Ihr Kind, so wählen Sie diese am besten so, dass dadurch kein erneuter Stress ausgelöst wird. Sportarten mit Wettkampfcharakter können durch das erhöhte Perfektionsstreben eines hochsensiblen Kindes Stress auslösen.

### › Sorgen Sie vor

Es gibt stressvolle Zeiten und Situationen, die bereits im Vorfeld bekannt und nicht zu umgehen sind. Planen Sie diese Phasen gut durch, besprechen Sie Möglichkeiten des Rückzugs, bieten Sie dem Kind Unterstützungsmöglichkeiten als Anker. Sorgen Sie zum Beispiel vor und nach Veranstaltungen für Ruhe und ermöglichen Sie Ihrem hochsensiblen Kind nach Phasen der Aktion und eventuellen Anspannung eine Verarbeitungsphase.

### › Legen Sie eine Art „Notfallkoffer" an

Wenn Sie mit Ihrem Kind eine Liste mit individuellen Lösungen bei kurzfristigem Stressempfinden anlegen, so lernt es längerfristig, eigenverantwortlich nach seinem Befinden zu schauen.

## *Ideen von Eltern für Eltern*[3]

- Mittagspause nach der Schule;
- räumlicher Rückzug (ins eigene Zimmer);
- abtauchen in die eigene Welt, zum Beispiel durch Lego spielen;
- Lesezeiten;
- Musik hören, Hörbücher anhören, selbst musizieren;

3 Ergebnisse einer praxisinternen Elternumfrage.

- basteln, malen;
- spielen im Garten / Auszeit in der Natur;
- viel Bewegung, zum Beispiel Radfahren, Trampolin springen;
- Fußballspielen (ohne Verein);
- Reduktion von Freizeitaktivitäten;
- zu Hause bleiben, ohne Besuch zu erhalten;
- kuscheln;
- homöopathische Mittel einsetzen.

## Stressmanagement für die Eltern

Vergessen Sie sich selbst nicht! Eltern sind in unserer Gesellschaft heute grundsätzlich Mehrfachbelastungen ausgesetzt. Sie sind Manager, Organisator, Motivator, Lehrer, Taxifahrer, Coach. All die kleinen und großen Aufgaben des Alltags sind nicht zu unterschätzen. Haben Sie ein hochsensibles Kind, kann dies im Alltag bedeuten, dass Sie mehr Zeit für die Bewältigung alltäglicher Anforderungen investieren müssen, um es zu begleiten. In einer praxisinternen Umfrage geben rund 83 Prozent der befragten Eltern an, dass die Erziehung hochsensibler Kinder Mehraufwand bedeutet und zeitintensiver ist. Gleichzeitig sind sich 63 Prozent einig darin, dass trotz des größeren Aufwands auch eine intensive Bereicherung vorliegt.

Nun kommt es im alltäglichen Leben immer wieder zu Phasen, in denen die Kräfte der Eltern zur Neige gehen und ihnen der Alltag über den Kopf wächst. Suchen Sie sich genau dann Hilfe und Unterstützung. Insbesondere Eltern, die selbst hochsensibel sind, kommen schneller an ihre Belastungsgrenze. Daher ist es sehr wichtig, sich selbst nicht aus den Augen zu verlieren und nicht nur dem Kind Ruhe, Auszeit und Rückzug zu ermöglichen, sondern auch sich selbst. Schaffen Sie Ausgleich zu all Ihren Aufgaben und Pflichten. Tanken Sie Ihren Akku auf. Wenn er leer ist, ist keinem Ihrer Familienmitglieder gedient. Nicht selten höre ich den Satz: *„Wenn es meinen Kindern gut geht, geht es auch mir gut.“* Aber bin ich deswegen automatisch im Gleichgewicht und habe die Kraft, mich den täglichen Herausforderungen zu stellen? Denken Sie an das Prinzip, das uns im Flugzeug gelehrt wird: Zunächst sollten die Eltern sich selbst im Notfall eine Sauerstoffmaske überziehen, bevor sie sich um das Kind kümmern. Auch im alltäglichen Leben ist dieses Prinzip überlebenswichtig. Wenn es Ihnen gut geht, haben Sie auch die Kraft, Ihre Kinder adäquat zu unterstützen.

Nun ist klar, dass es für Eltern durch die Vielzahl der Pflichten und Aufgaben schwieriger ist, Auszeiten zu ermöglichen. Viele Eltern berichten, dass sie für größere Erholungspausen keine Zeit haben. Zu viele Aufgaben warten darauf, bewältigt zu werden. Neben den „großen“ Pausen lassen sich aber auch kleine Verschnaufpausen schaffen, die sehr wertvoll sind und den Akku laden. Oft sind es die kleinen, in den Alltag eingebauten Genussmomente, die der Seele guttun: eine Tasse Kaffee oder Tee trinken – allein, mit einer Freundin, mit Entspannungsmusik oder ganz in Ruhe –, sein Lieblingslied hören, Blumen auf dem Küchentisch, kürzere oder längere Entspannungsübungen machen und vieles mehr.

Zusätzlich bewähren sich auch für Eltern Rituale und Familienregeln, die wohltuend sind. Wie wäre es mit einer halben Stunde Ruhepause nach der Arbeit oder der Schule für die ganze Familie? Oder mit Rückzugsstunden an einem Samstagnachmittag, nachdem alle Pflichten erledigt sind? Wenn sich die Kinder in eine Spielecke verziehen und Sie in Ruhe lesen können? Suchen Sie sich kleine, aber wirkungsvolle Nischen.

### Ideen von Eltern für Eltern[4]

- Miteinbeziehung der Großeltern;
- Mittagspause für Eltern wie Kinder;
- Rückzugsorte, um für kurze Zeit selbst ungestört auftanken zu können;
- lesen;
- Gartenarbeit;
- Spaziergang in der Natur;
- Sport;
- musizieren;
- Meditation;
- gutes Essen;
- Zeit der Stille;
- Zeit mit dem Partner / der Partnerin verbringen;
- Zeit und Gespräche mit guten Freunden.

Wie tanken Sie auf?

## 3.5 Zusammenfassung

Eine wohlwollende Begleitung hochsensibler Kinder kostet Kraft und fordert Präsenz. Der Einsatz lohnt sich aber. Fühlen sich hochsensible Kinder verstanden, geliebt und im Guten begleitet, können wertvolle Stärken gefördert werden und Persönlichkeiten heranwachsen, die ihre Ressourcen auszuschöpfen wissen und geradlinig durch das Leben gehen.

4 Ergebnisse einer praxisinternen Elternumfrage.

Herausforderungen im Alltag mit hochsensiblen Kindern zeigen sich meist dann, wenn das innere Gleichgewicht gefährdet ist. Dies kann der Fall sein, wenn sie von Stress und Hektik übermannt werden, Überforderungssituationen vorliegen oder schwierige Lebensumstände verhindern, dass Potenziale zum Tragen kommen. Da hochsensible Kinder sehr schnell überfordert und reizüberflutet sein können, benötigen sie kontinuierliche Ruhephasen und einen strukturierten, geregelten Alltag. Jede neue Situation sollte im gemeinsamen Gespräch vorbereitet werden. Jeder Hinweis und jede zusätzliche Information über das, was die Kinder erwartet, bedeutet für Hochsensible mehr Sicherheit und damit weniger Grund zur Angst. Das kann beispielsweise heißen, die Menükarte eines Restaurants im Vorfeld mit dem Kind durchzugehen, um ihm bei der Familienfeier vor vielen Personen eine Blamage zu ersparen. Es kann auch heißen, bereits vor der Einschulung der Schule einen Besuch abzustatten, sich über den zukünftigen Lehrer zu informieren, den Ablauf eines Schulvormittags im Vorfeld durchzuspielen.

Je mehr Zeit Sie investieren, desto selbstsicherer kann Ihr hochsensibles Kind heranwachsen. Für Sie noch einmal zusammengefasst:

**Akzeptieren Sie das Persönlichkeitsmerkmal Ihres Kindes**

Vielleicht haben Sie sich bereits während der Schwangerschaft Gedanken gemacht, was Sie mit Ihrem Kind alles machen werden, welche Aktivitäten Sie mit ihm unternehmen möchten, und die hohe Sensibilität Ihres Kindes mit all ihren Herausforderungen hat Sie völlig aus dem Konzept gebracht. Kämpfen Sie nicht dagegen an! Je früher Sie Ihr Kind so akzeptieren, wie es ist, und gemeinsam mit ihm die notwendigen Schritte gehen, um ein selbstverantwortliches Leben zu gestalten, desto besser. Ihr Kind wird in seiner Feinfühligkeit schnell merken, ob es mit seiner Art willkommen ist oder Enttäuschungen im Raum stehen.

**Passen Sie Ihren Alltag an die Hochsensibilität an**

Dies ist oft leichter gesagt als getan. Vielleicht merken Sie bereits sehr früh, dass Sie mit Ihrem hochsensiblen Kind nicht von einer Veranstaltung zur nächsten gehen können. Schon im Säuglingsalter quengeln viele hochsensible Kinder, wenn ihnen aufeinanderfolgende Kurse wie Babymassage, Babyschwimmen, Pekip und Krabbelgruppe in Summe einfach zu viel werden, während dies vielleicht mit einem Geschwisterkind sehr gut funktioniert hat.

**Helfen Sie dem Kind, die Balance zwischen Aktivität und Rückzug zu finden**

Für hochsensible Kinder ist es elementar wichtig, im inneren Gleichgewicht zu bleiben. Dies wird umso schwerer, je stärker äußere Einflüsse im Laufe der Zeit zunehmen. Umso wichtiger ist es, Rückzugsmöglichkeiten zu schaffen, um den notwendigen Ausgleich zwischen An- und Entspannung zu erreichen. Je nach Alter braucht das hochsensible Kind hier Ihre Unterstützung, insbesondere extrovertierte hochsensible Kinder, die gerne unter Menschen sind und etwas erleben wollen, es zeitgleich aber nicht schaffen, den Ausgleich rechtzeitig umzusetzen.

**Bereiten Sie neue Situationen so gut wie möglich vor**

Dies ist in der Unterstützung eines hochsensiblen Kindes elementar wichtig und hilfreich. Ihr Kind wird es Ihnen danken. Auch wenn Sie das Gefühl haben, Sie würden ununterbrochen reden und erklären, ist dies die beste Möglichkeit, Ihrem Kind Sicherheit zu geben. Damit kann es Ängste leichter überwinden.

**Schaffen Sie Rituale und Regeln**

Auch diese kommen dem individuellen Sicherheitsbedürfnis Ihres Kindes entgegen. Insbesondere bei den Unwägbarkeiten des Alltags, in der Schule oder in neuen Situationen, wie einem Umzug oder einem Urlaub in der Fremde, schaffen Rituale einen Ausgleich zu der Anspannung, mit der Ihr Kind zu kämpfen hat.

**Lernen Sie, versteckte Signale Ihres Kindes zu verstehen**

Nicht immer zeigt das Verhalten des Kindes das wirklich dahinterstehende Empfinden. Manchmal heißt es, eine Art Übersetzungsarbeit leisten zu müssen, um den wahren Kern des Verhaltens herauszufinden und mit dem Kind gemeinsam angemessene Lösungsstrategien zu erarbeiten.

**Orientieren Sie sich an den Stärken Ihres Kindes**

Bei all den Herausforderungen, die es mit einem hochsensiblen Kind zu bewältigen gibt (und im Prinzip gibt es mit jeder Persönlichkeit Herausforderungen), ist es wichtig, die schönen Seiten nicht aus den Augen zu verlieren. Wie oft hat Ihr hochsensibles Kind Ihnen schon Komplimente gemacht, Ihnen schöne Seiten des Lebens gezeigt und Sie überrascht mit Fähigkeiten, die Sie nie vermutet hätten? Notieren Sie sich diese Momente, um sie festzuhalten.

**Fordern Sie Ihr hochsensibles Kind heraus, aber überfordern Sie es nicht**

Auch hochsensible Kinder können herausgefordert werden, immer wieder Grenzen zu überwinden. Susan Cain spricht an dieser Stelle von der „Gummibandtheorie“.[45] Sie vergleicht die Persönlichkeit eines Menschen mit einem Gummiband: Jeder Mensch ist bis zu einem gewissen Grad dehn- und belastbar. Nach einer Überbeanspruchung benötigt er dann aber im Gegenzug wieder

Situationen, die dem Naturell entsprechen, um sich entspannen zu können und Kraft zu tanken für die nächsten Herausforderungen.

Auch hochsensible Kinder können auf gesellschaftliche Großveranstaltungen gehen, können unter Zeitdruck etwas bewerkstelligen, können über eine gewisse Zeit entgegen ihrem Naturell handeln. Wichtig ist nur, dass immer wieder ein Ausgleich stattfindet.

**Eine Pflanze braucht optimale Bedingungen, um zu gedeihen**

Jede Pflanze hat ganz eigene Voraussetzungen, um optimal gedeihen zu können. Auch Kinder mit unterschiedlichen Temperamenten benötigen unterschiedliche Bedingungen. Lernen Sie über hochsensible Kinder hinzu, informieren Sie sich weiter, um damit Wissen darüber zu erhalten, was Ihr Kind benötigt und wie es seine Potenziale entfalten kann.

**Sorgen Sie gut für sich selbst**

Bei all der Liebe, die Sie in Ihr hochsensibles Kind und selbstverständlich auch in Ihre anderen Kinder stecken, ist es wichtig, sich selbst nicht zu vergessen. Eine Balance zwischen Geben und Nehmen ist unerlässlich, damit Sie Ihre wertvolle Erziehungsarbeit kraftvoll und mit viel Intuition ausführen können.

# 4. DIE VERÄNDERUNGEN IM KINDES- UND JUGENDALTER VERSTEHEN, BEGLEITEN UND STÄRKEN

Hochsensible Kinder sind, wie vielfach schon erwähnt, sehr stetige Persönlichkeiten. Sie lieben die Sicherheit und Vorhersehbarkeit. In neuen Situationen tauen sie sehr langsam auf („slow to warm up") und zeigen Zurückhaltung, wenn es um lebensverändernde Einschnitte geht. Eine Ausnahme bilden extrovertiert hochsensible Kinder, die nebst der Konstanz ein gleichwertiges Bedürfnis nach neuen Erlebnissen haben. Dennoch gehen Veränderungen bei beiden Subtypen mit einem Kräfteschwund einher. Dies gilt für große Veränderungen (Umzug, Kita-Start, Schuleintritt) genauso wie für die kleinen Veränderungen (wechselnde Sitznachbarn in der Schule, wechselnde ErzieherInnen).

Bis zum Erwachsenenalter lassen sich einige Stationen festmachen, die es zu durchlaufen gilt. Die erste große Veränderung vollzieht sich durch den Kita-Eintritt, gefolgt vom Schuleintritt, der gleichzeitig von der Pubertät begleitet wird, welche wieder ganz eigene Herausforderungen mit sich bringt. Bei all diesen großen Veränderungen benötigen hochsensible Kinder ausreichend Zeit, um die neuen Gegebenheiten, das neue Umfeld und die veränderte Situation zu beobachten, zu reflektieren und Rückschlüsse über ihr eigenes Handeln zu ziehen, bevor sie aktiv werden. Bei einigen Kindern dauert das Ankommen äußerst lange und fordert sowohl von den Eltern als auch von Bezugspersonen viel Zeit und Geduld. Dabei sollte das individuelle

Anpassungstempo unbedingt respektiert werden, denn eine Beschleunigung vergrößert die ohnehin bei diesen Kindern schon vorhandenen Ängste, die sich damit bis zur Panik oder Blockade entwickeln können.

Grundsätzlich kann man davon ausgehen, dass hochsensible Kinder bei jeder neuen Situation (beim Eintritt in den Kindergarten, bei der Einschulung, beim Start ins Berufsleben etc.) zunächst vorsichtig, beobachtend und ängstlich reagieren. Dies liegt in ihrem Naturell. Sobald sie Sicherheit gewonnen haben, werden sie aktiv und zeigen ihre Ressourcen wie ihre Kreativität, ihren Einfallsreichtum, ihre Verlässlichkeit usw.

## 4.1 Das Kita-Alter

Für Eltern gibt es vielfältige Gründe und Umstände, die eine außerfamiliäre Betreuung notwendig machen. An dieser Stelle Bewertungen vorzunehmen, ohne die Situation des Einzelnen zu kennen, halte ich nicht für sinnvoll. Fakt ist sicherlich, dass hochsensible Kinder von einer familiären Betreuung profitieren. Je länger diese geht, umso besser. Gleichzeitig bietet eine außerfamiliäre Betreuung eine Chance zum Persönlichkeitswachstum, weil die Komfortzone erweitert wird, und kann dadurch Lernprozesse anstoßen. Kindertagesstätten bieten einen hervorragenden Einstieg in die soziale Welt außerhalb des Elternhauses und verschaffen Kindern elementare Erfahrungen im Umgang mit anderen.

Der Eintritt in die Kita ist für jedes Kind eine Herausforderung, die je nach Temperament unterschiedlich bewältigt wird. Für hochsensible Kinder, die mehr als andere Sicherheit benötigen und ihre Komfortzone ungern verlassen, kann dieser Schritt wirken wie ein unbezwingbarer Berg. Viele neue Eindrücke strömen auf das Kind ein. Es gilt, die Trennung von den Eltern zu bewältigen, das neue Umfeld zu erkunden, die vielen fremden Kinder und die unbekannten ErzieherInnen kennenzulernen. Nicht selten sorgt all das Neue für eine starke Überforderung. Zusätzlich kann auch der um ein Vielfaches erhöhte Lärmpegel für Stress sorgen.[46]

Eine gute Planung sowie eine achtsame Vorgehensweise halte ich für unabdingbar, damit es zu keiner Überforderungssituation für das hochsensible Kind kommt. Besprechen Sie im Vorfeld viele Details und binden Sie diese in Rollenspielen ein. Lesen Sie mit Ihrem Kind entsprechende Kinderbücher, erzählen Sie von den Tagesabläufen des Kindergartens und beantworten Sie offene Fragen. Auch ein frühzeitiger Besuch im Kindergarten ist sinnvoll, damit das hochsensible Kind eine konkrete Vorstellung von der Einrichtung bekommt. Nutzen Sie zudem Kontakte, die es bereits geschlossen hat, und binden Sie schon bekannte Kinder in den Entwicklungsprozess mit ein. Laden Sie Gleichaltrige zu sich nach Hause ein und schaffen Sie so eine Grundsicherheit für Ihr hochsensibles Kind.

Eine gute Vorbereitung gilt dabei nicht nur für die Belange des Kindes. Auch Sie als Eltern können und sollten sich auf den nächsten Abschnitt vorbereiten. Gehen Sie davon aus, dass Ihnen und Ihrem Kind eine emotionale Phase bevorsteht. Wie werden Sie mit Trennungsschmerz umgehen, wie werden Sie die Verabschiedung gestalten? Überlegen Sie, was es braucht, damit Ihr Kind und auch Sie den Schritt in diese Phase gut bewältigen können.

Bedenken Sie ebenfalls, dass Ihr Kind in den ersten Wochen und Monaten vermutlich erschöpft und mit entsprechenden Verhaltensweisen nach Hause zurückkehren wird. Reduzieren Sie vorsorglich die Nachmittagsaktivitäten, um Ihrem Kind ruhige Stunden und Auftankzeiten zu ermöglichen, in denen es regenerieren kann. Dadurch wird es Kraft für den kommenden Tag bekommen.

## Die Auswahl der Einrichtung

Sofern Sie in einem Einzugsgebiet wohnen, das Ihnen eine Auswahl an Einrichtungen bietet, ist es sinnvoll, Sorgfalt bei der Wahl des Kindergartens walten zu lassen. Hilfreich für hochsensible Kinder sind eine ruhige Atmosphäre, eine überschaubare Gruppengröße, eine gute, konstante Tagesstruktur und Rückzugsmöglichkeiten. Offene Gruppen sind für hochsensible Kinder oft zu unübersichtlich und bieten wenig Sicherheit.[47] Vielerorts ist es allerdings schwierig geworden, überhaupt zu wählen. In etlichen Gemeinden sollte man sich bereits vor der Geburt auf Listen setzen lassen. In manchen Regionen ist der Bedarf um etliches höher als die Angebote. Dennoch: Zum Wohl Ihres hochsensiblen Kindes ist es angezeigt, sich die zur Verfügung stehenden Einrichtungen gut anzuschauen. Setzen Sie sich ausführlich mit dem Konzept auseinander und achten Sie ebenfalls auf die praktische Umsetzung. Erbitten Sie sich einen Schnuppertag, um sich ein Bild machen zu können. Nicht jede Einrichtung ist für jede Persönlichkeit geeignet. Überprüfen Sie folgende Fragen: Liegt ein offenes oder geschlossenes Konzept vor? Wie ist die Atmosphäre in der Einrichtung? Wie sieht die Gruppengröße aus? Gibt es Außenspiel- und Rückzugsmöglichkeiten? Wie ist der Umgang mit Ihnen als Eltern?

Voraussetzung für das Wohlfühlen hochsensibler Kinder in der Kita ist ein möglichst reizarmes Umfeld, eine überschaubare Gruppengröße und verlässliche Betreuungspersonen. Vielerorts ist dies durch den Personalmangel nicht mehr gegeben, was für hochsensible Kinder eine enorme Herausforderung bedeutet.[48]

## Anpassung des Alltags

Vielleicht konnten Sie mit Ihrem hochsensiblen Kind sehr viel unternehmen, solange es noch zu Hause war und keine außerfamiliäre Betreuung in Anspruch genommen wurde. Rechnen Sie an dieser Stelle mit einer Veränderung. Insbesondere in der ersten Phase der Fremdbetreuung wird Ihr Kind alle zur Verfügung stehende Energie benötigen, um mit der neuen Situation, den vielen Eindrücken und den veränderten Gegebenheiten zurechtzukommen. Dies wird sich wieder bessern, sobald das Kind sich akklimatisiert hat.

Spätestens in der Vorschulzeit kann es zu Momenten der Langeweile kommen, eine Art Einleitung auf den nächsten Lebensabschnitt Richtung Schule. Stellen Sie sich auf diese Wellen im Bereich des Energiehaushalts ein. Gehen Sie davon aus, dass Ihr Kind in den ersten Wochen und Monaten überreizt nach Hause kommen wird. Sollte es anders kommen, umso besser. Eine Überreizung erkennen Sie an Verhaltensweisen wie Weinerlichkeit, Aggression, Erschöpfung oder psychosomatische Beschwerden. Achten Sie gut darauf, welche Signale Ihr Kind sendet. Entsprechend können Sie entgegenwirken und Regenerationsphasen im Wochenverlauf einplanen. Bringen Sie Ihrem Kind nach Möglichkeit Regulationsstrategien bei (z. B. Kinderyoga, Rückzug mit Lesen, Hörbuch hören, puzzeln, Sport). Welche Methoden greifen, ist bei jedem hochsensiblen Kind anders. Machen Sie sich gemeinsam auf die Suche.

Es wird Ihrem Kind helfen, Selbstsicherheit und Selbstwirksamkeit aufzubauen, indem es lernt, aktiv werden zu können, wenn der Alltag Ihr Kind wie eine Welle überrollt. Planen Sie insbesondere in der ersten Zeit keine großen Unternehmungen ein, sondern reduzieren Sie diese. Bemerken Sie, dass Ihr Kind zunehmend im Gleichgewicht ist und wieder Kapazitäten für weitere Aktivitäten hat, können Sie Unternehmungen wieder hochfahren.

## Die Phase der Eingewöhnung

Der Kita-Start ist eine gänzlich neue Lebenserfahrung. Er bedeutet Veränderung, Loslösung und Neuorientierung auf mehreren Ebenen: sozial, räumlich, kognitiv. Dabei sind alle Veränderungen für hochsensible Kinder sehr schwierig. Insbesondere introvertiert hochsensible Kinder benötigen eine längere „Aufwärmphase" während der Eingewöhnung. Eine lange Beobachtungszeit sollte ihnen in jedem Fall eingeräumt werden. Die Erwartung, dass das hochsensible Kind schnell aktiv wird, kann zu Enttäuschungen führen. Es ist sehr wichtig, dem Kind zu erlauben, eine passive Anwesenheit und eine Beobachterrolle einzunehmen. Damit haben hochsensible Kinder die Möglichkeit, sich in Ruhe an die Einrichtung, die neuen Bezugspersonen und die vielen Kinder zu gewöhnen, sich ein Bild zu machen und daraus Rückschlüsse für ihr späteres Handeln ziehen zu können.

Extrovertiert hochsensible Kinder haben es zum Start einfacher. Sie können besser loslassen, weil sie an allem Neuen Interesse haben. Täuschen Sie sich allerdings nicht darüber hinweg. Auch Extrovertierte kostet dieser Umbruch enorme Kraft. Wie viel Energie den Kindern abverlangt wird, merken Eltern meistens erst, wenn ihr Energiebündel nachmittags schlagartig erschöpft ist.

Da hochsensible Kinder den seelischen Zustand der Eltern stark spüren, bedarf es zudem einer Selbstreflexion. Stehe ich unter Druck, weil mein Arbeitgeber mich unbedingt zurück braucht und die Eingewöhnung unter allen Umständen funktionieren muss? Oder fällt mir das Ablösen schwer und ich würde mein Kind am liebsten weiter komplett selbst betreuen, wenn das liebe Geld nicht wäre? Hochsensible Kinder haben ein gutes Gespür, sei es für Ihre innere Zerrissenheit oder auch für Ihren inneren Druck. Beides widerspricht ihrem Bedürfnis nach Sicherheit.

Hochsensible Kinder benötigen während des Abnabelungsprozesses kontinuierliche Begleitung. Bleiben Sie anfangs verfügbar. Wenn Sie feststellen, dass alles in bester Ordnung ist, können und sollten Sie sich zurückziehen. Ein hinausgezögerter Abschied würde dem Kind die Chance nehmen, sich auf die ErzieherInnen und die anderen Kinder einzulassen.

Sollte Ihr hochsensibles Kind in den ersten Wochen überfordert sein, halte ich es für sinnvoller, das Kind täglich für eine kurze Zeit in die Einrichtung zu geben, anstatt seltener (z. B. zweimal pro Woche) für einen längeren Zeitraum. Dies sorgt für Struktur, Regelmäßigkeit und eine kontinuierlichere Einbindung in den Tagesablauf der Gruppe. Zusätzlich erhöht eine zeitlich kürzer gefasste Zeitspanne die Chance, dass das Kind sich auf den nächsten Tag freut.

## Kontakt halten

Ein enger Kontakt zu den PädagogInnen ist in jedem Fall wichtig und ratsam. Tauschen Sie sich über Ihr Kind und seine Bedürfnisse aus. Besteht vonseiten der Fachkraft Offenheit, können Sie von der Hochsensibilität Ihres Kindes erzählen. Ansonsten ist es sinnvoll, beschreibend zu erläutern, was Ihr Kind benötigt, um sich gut eingliedern zu können und sich wohlzufühlen. Meist sind bereits kleine Hilfestellungen förderlich. Fühlen sich hochsensible Kinder ernst genommen, blühen sie für gewöhnlich in der Gruppe auf.

Zum Wohle Ihres Kindes ist ein von gegenseitigem Verständnis getragenes Miteinander sehr wichtig. Zeigen Sie entsprechend Offenheit für die Beobachtungen der ErzieherInnen, aber auch Verständnis für die angespannten Arbeitsbedingungen, in der pädagogische Fachkräfte aktuell stecken. Bei über 30 Kindern in einer Gruppe ist es nicht einfach, sich konstant um ein Kind zu kümmern. Glücklicherweise spüren hochsensible Kinder bereits zwischen den Zeilen, ob sie ernst genommen werden oder nicht. Auch wenn sie keine Rundumbetreuung erhalten, hilft es ihnen zu wissen, dass sie gesehen werden. Informieren Sie sich immer wieder, wie es Ihrem Kind in der Einrichtung geht, was es erlebt und welche Herausforderungen anstehen. Auf diese Weise können sie von zu Hause aus unterstützen und anleiten.

## Hinweise für Erzieherinnen und Erzieher

Der Besuch der Kita ist für hochsensible Kinder ein großer Schritt aus der Komfortzone. Für sie spielt es eine entscheidende Rolle, ob die neuen Bezugspersonen mit ihren Besonderheiten achtsam und verständnisvoll umgehen können. Aus diesem Grund halte ich es für hilfreich und sinnvoll, dass Sie als ErzieherIn sich mit dem Thema auseinandersetzen. Gehen Sie davon aus, dass 15 bis 20 Prozent der von Ihnen betreuten Kinder hochsensibel sind. Bei diesem hohen Prozentsatz lohnt es sich in jedem Fall, sich über das Persönlichkeitsmerkmal zu informieren. Das Wissen um die Hochsensibilität kann Ihnen dabei helfen, Verhaltensweisen besser zu deuten und damit geeignete Unterstützungsstrategien aufzubauen.

Mir ist bewusst, dass es aufgrund der Arbeitsbedingungen oft schwer ist, auf individuelle Bedürfnisse nebst der Organisation des Alltags einzugehen. Viele selbst hochsensible ErzieherInnen berichten mir, dass sie ihren Anspruch an ihre Arbeit nicht mehr in dem Maß umsetzen können, weil die Rahmenbedingungen es nicht zu lassen. Dies ist insofern unerfreulich, als die Entwicklung hochsensibler Kinder von einer wohlwollenden und achtsamen Begleitung abhängt. Die Herausforderung ist, das hochsensible Kind mit all seinen Bedürfnissen zu sehen, darauf einzugehen und damit eine Teilhabe zu ermöglichen, auch wenn die Gruppen zu groß, der Personalmangel zu hoch und die Heterogenität der Gruppe zu stark ist. Dass politische Entscheidungen hierbei eine entscheidende Rolle spielen hinsichtlich der Umsetzbarkeit, ist nicht von der Hand zu weisen.

## Checkliste für PädagogInnen in der Kita

Sicherlich haben Sie In Ihrem pädagogischen Alltag bereits das ein oder andere Kind begleitet, bei dem Sie bewusst oder unbewusst mit dem Thema Hochsensibilität konfrontiert waren. Viele Merkmale und Eigenschaften konnten Sie bereits in den vergangenen Kapiteln erlesen. Hier erhalten Sie nun noch eine Checkliste, die sich speziell auf hochsensible Kinder im Kita-Alter bezieht. Dabei lässt sich gut nachvollziehen, dass ein Katalog von Fragen nie die komplette Palette aller Verhaltensweisen erfassen kann, die ein hochsensibles Kind zeigt, zumal die jeweilige Ausprägung sehr unterschiedlich sein kann.

Nehmen Sie diese Checkliste als weiteren Anhaltspunkt, besprechen Sie Ihre Vermutungen im Team, gehen Sie Hinweise mit den Eltern durch und holen Sie sich bei Bedarf einen entsprechenden Expertenrat.

Das Kind …

- ❑ kann sich in einer lauten Umgebung nicht auf seine Aktivität konzentrieren.
- ❑ beschwert sich bei zu viel Lärm.
- ❑ wirkt bei Gesamtgruppenaktivitäten unruhig.
- ❑ reagiert stark auf unerwartet laute Geräusche.
- ❑ ist schreckhaft.
- ❑ beobachtet jedes Detail.
- ❑ ist abgelenkt bei zu viel Bewegung im Raum.
- ❑ mag keine schmutzigen Hände.
- ❑ mag keine feuchte Kleidung.
- ❑ ist meist ruhig und zurückhaltend.
- ❑ zeigt starke Gefühlsausbrüche bei Überreizung.
- ❑ hat einen ausgeprägten Sinn für Humor.
- ❑ hält sich im Morgenkreis zurück.
- ❑ steht bei Übergängen unter Stress.
- ❑ mag nicht im Rampenlicht stehen.
- ❑ reagiert auf einen raueren Tonfall mit Rückzugsverhalten.
- ❑ hat einen ausgeprägten Gerechtigkeitssinn.
- ❑ kann mit Neckereien nicht umgehen.
- ❑ ist sehr harmoniebedürftig.
- ❑ geht mit anderen sehr einfühlsam um.

- ❑ setzt sich für Schwächere ein.
- ❑ mag keine Überraschungen.
- ❑ implodiert/explodiert, wenn Stress und Hektik vorherrschen.
- ❑ sucht eher Kontakt zu älteren Kindern.
- ❑ hat ein ausgesprochen gutes Gedächtnis.
- ❑ stellt clevere Fragen.
- ❑ gibt keine schnellen Antworten.
- ❑ arbeitet langsam und gewissenhaft.
- ❑ ist vielseitig interessiert und möchte alles ganz genau wissen.
- ❑ hat einen ungewöhnlich gehobenen Wortschatz für sein Alter.
- ❑ ist perfektionistisch.
- ❑ ist sehr tiefsinnig und macht sich Gedanken über Gott und die Welt.
- ❑ liebt Tiere und die Natur.

## *Wie ErzieherInnen unterstützen können*

Wie bereits erwähnt, stehen Sie als pädagogische Fachkraft mit all den anfallenden Aufgaben und teils unter schwierigen personellen Rahmenbedingungen vor einer großen Herausforderung. Die Gruppengröße und Inhomogenität der Gruppe machen es nicht einfacher, eine gute Atmosphäre in der Einrichtung zu schaffen. Dennoch lohnt sich jede kleinste Situation, in der sich ein hochsensibles Kind gesehen und verstanden fühlt und in der sie gemeinsam eine Lösung gefunden haben. Hochsensible Kinder sind dankbare Kinder, die schnell spüren, ob die Grundhaltung ihnen gegenüber von Skepsis oder Wohlwollen geprägt ist. Werden diese Kinder gut integriert, können sie ein wertvolles Gruppenmitglied sein. Ihr Gerechtigkeitssinn, ihre Empathie, ihr Ideenreichtum und vieles mehr können die Gruppe bereichern.

## Die innere Haltung der pädagogischen Fachkräfte

### *Die Bedeutung der Beziehung*

„Eine gute Beziehungsqualität fördert die kindliche Entscheidungsfähigkeit, seine Selbstbeherrschung, seine geistige Beweglichkeit, seine soziale Kompetenz und eine angstfreie Verfügung über seine intellektuellen Ressourcen, sein Einfühlungsvermögen und seine Beziehungsfähigkeit. So können Kinder lernen, realistisch zu planen und zu handeln.“[49]

*Karin Grossmann*

Eine vertrauensvolle Beziehung zwischen Bezugsperson und hochsensiblem Kind ist wichtig, wertvoll und notwendig, um eine Entfaltung zu ermöglichen. Hochsensible Kinder spüren wie bereits erwähnt sehr schnell, welche Haltung jemand ihnen gegenüber hat. Entsprechend öffnen oder verschließen sie sich. Laut Untersuchungen profitieren hochsensible Kinder von Bezugspersonen, die Empathie, Verständnis und Gerechtigkeit ausstrahlen.[50] Werden sie hingegen skeptisch beäugt, zeigen sie zunehmend Auffälligkeiten im Verhalten. Dies bedeutet im Alltag, sich immer wieder Zeit für die Belange eines hochsensiblen Kindes zu nehmen, ihm zuzuhören, sich in die Gefühlswelt des Kindes hineinzuversetzen und mit ihm bei Problemen Lösungen zu erarbeiten.

## Bedingungslose Wertschätzung

Nebst den Eltern sind Sie mit Kita-Start eine weitere wichtige Bezugsperson, welche die Entwicklung des hochsensiblen Kindes im Wesentlichen mit beeinflusst. Sie sind die Person, die ihm Sicherheit bieten kann und die Entwicklung des Kindes im Wesentlichen mit bestimmt. Ihre Botschaften sollten von Wertschätzung und Akzeptanz geprägt sein. Auf diese Weise kann sich ein Selbstwertgefühl und auch Selbstvertrauen im erweiterten Umfeld entwickeln. Ihre Reaktion ist wie ein Spiegel für das Kind, egal ob es überreizt, unsicher, verzweifelt ist. Welche Emotion auch immer auftaucht: Sobald Sie diesem Gefühl einen wohlwollenden Rahmen geben und unterstützende Präsenz zeigen, indem Sie Mut zusprechen und Lösungsideen erarbeiten, wird das Kind lernen, an sich und seine Fähigkeiten zu glauben. Hört es hingegen Sätze wie *„Du bist unser Sensibelchen, immer reagierst du überempfindlich"*, wird es auch dieses verinnerlichen. Welche Prägung möchten Sie setzen?

## Bedürfniserkennung

Nehmen Sie Bedürfnisse hochsensibler Kinder ernst und gehen Sie davon aus, dass ihre Gefühle und Verhaltensweisen authentisch sind. In der Regel treten sie nie ohne Grund auf. Hochsensible Kinder übertreiben nicht, wenn sie die Falte in der Socke stört. Sie reagieren auch nicht absichtlich emotional, wenn beim Umziehen in der Umkleide viel Tumult ist, und sie stellen sich nicht an, wenn sie im Morgenkreis betreten schweigen. Hochsensible Kinder benötigen mehr Zeit, um Entscheidungen zu fällen und Antworten zu geben. Dafür denken sie differenzierter, gewissenhafter und detaillierter als andere Kinder. Ihre Reaktionsfähigkeit mag manches Mal verlangsamt wirken und sie kommen unter Umständen Aufforderungen nicht prompt nach, weil sie etwas für sich noch nicht abgeschlossen haben. Bringen Sie Geduld auf, üben Sie nach Möglichkeit keinen Zeitdruck aus und erzwingen Sie keine sofortigen Entscheidungen. Sie fördern das Selbstbewusstsein des hochsensiblen Kindes, wenn Sie Verständnis zeigen und zeitgleich Hilfestellungen geben, um eine Situation zu bewältigen.

## Hauptthemen

### *Das soziale Umfeld*

Ein hochsensibles Kind benötigt Zeit, um sich auf das neue, erweiterte Umfeld einzulassen und sich zu integrieren. Gehen Sie davon aus, dass es sich zunächst viele Informationen über ein passives Beobachten einholt, um dann daraus die notwendigen Rückschlüsse zu ziehen. Wer wirkt freundlich und zugewandt? Wem kann man vertrauen, wer ist sehr laut, impulsiv und ärgert mitunter? So gibt es viele Bereiche, die das hochsensible Kind zunächst einzusortieren hat, bevor es aktiv wird und sich dann auch mit seinen Begabungen zeigt.

Geben Sie ihm diese Zeit. Sie ist notwendig, damit das Kind ein Sicherheitsgefühl erhält. Eine gute Gruppenatmosphäre wirkt hierbei förderlich, während ein rauer Umgangston dafür sorgt, dass das hochsensible Kind in den Rückzug geht. Zusätzlich sollte man bedenken, dass introvertiert hochsensible Kinder sich vermutlich nur an ein oder zwei andere Kinder enger binden werden. Sich mit mehreren zu arrangieren, fällt ihnen schwer und kostet sie viel Kraft, weil sie dann meist mit zu vielen Reizen, Grenzsetzungen und Aushandeln von Rollen konfrontiert sind. Sich an die Gruppe anzupassen, kostet hochsensible Kinder viel Energie und Kraft.

## Die starken Emotionen

Hochsensible Kinder nehmen durch ihre intensive Wahrnehmungsverarbeitung auf allen Ebenen viel mehr Informationen auf. All die Reize, die auf sie einströmen, sorgen mitunter dafür, dass die Emotionen überkochen. Das kann sich in entsprechendem Implodieren oder Explodieren zeigen. In einem Alter, das noch nicht den entsprechenden Wortschatz zur Artikulation bietet, ist die Emotionsverarbeitung schwieriger, aber auch machbar. Das in einem der vorherigen Kapitel erläuterte „Benennen, um es zu zähmen“ kann bis zu einem gewissen Grad bereits im Kleinkindalter eingesetzt werden. Wenn Kinder in ihrem eigenen Sprachstil Situationen wiedergeben dürfen, kann dies eine beruhigende Wirkung haben.

Je weiter die Sprach- und Denkentwicklung gediehen ist, desto besser können Empfindungen in Worte gefasst werden, um darüber zu sprechen. Dazu benötigt das hochsensible Kind einen zugewandten Erwachsenen, der ihm einfühlsam zuhört und hilft, die einzelnen Empfindungen zu benennen. Das kann beispielsweise so formuliert werden: *„Du bist traurig, weil Mia dich weggeschubst hat.“* Im Austausch lernen hochsensible Kinder, Gefühle differenziert zu benennen, damit umzugehen und sie zu regulieren.

## Die Reizüberflutung

Für hochsensible Kinder ist es mitunter schwer, ein optimales Erregungsniveau aufrechtzuerhalten. Zu viele Eindrücke, Erlebnisse und Begebenheiten strömen während des Kita-Alltags auf sie ein. Da die Kinder in diesem Alter Selbstregulation erst erlernen, benötigen sie ihre Bezugspersonen zur Unterstützung. Sobald Sie Anzeichen der Überreizung feststellen, spiegeln Sie dem Kind, dass es unter Stress geraten ist, und geben Sie ihm zeitgleich Lösungsideen an die Hand: „*Du hältst dir gerade die Ohren zu, weil alles zu laut ist. Komm, lass uns in die ruhige Leseecke gehen und wir schauen gemeinsam ein Buch an.*" Oder: „*Ich sehe, du bist sehr unruhig, weil hier im Flur viel Tumult ist. Lass uns noch kurz etwas im Bastelraum erledigen und dann können wir uns auch anziehen, um in den Garten zu gehen.*"

Je öfter Sie das Kind auf diese Weise unterstützen, desto besser wird es irgendwann selbst erkennen, in welchem Erregungsniveau es aktuell ist und was es tun kann, um wieder in Balance zu kommen.

## Rahmenbedingungen

Für hochsensible Kinder sind das Umfeld und entsprechende Rahmenbedingungen maßgeblich für die Zeitspanne, die sie für ihre „Aufwärmphase", dem Abbauen von Unsicherheit und dem Einfinden in die neue Lebensphase benötigen. Je mehr Klarheit besteht, desto leichter können sie ihre Bedenken loslassen und sich einfügen.

## Struktur, Rituale, Regeln

Hochsensible Kinder benötigen einen geregelten Tagesablauf mit klaren Strukturen. Je vorhersehbarer der Tag, desto leichter können sie entspannen und sich auf die unterschiedlichen Aktivitäten einlassen. Dabei kann die Visualisierung eine hilfreiche Methode sein. Hochsensible Kinder legen über die bildliche Darstellung ein inneres Raster an, dem sie folgen können. Auf diese Weise wird die Tagesstruktur klarer und bietet die erwünschte und auch notwendige Sicherheit. Veränderungen im Ablauf sollten frühzeitig bekannt gegeben werden, damit sich das hochsensible Kind darauf einstellen kann. Damit einhergehend bieten auch gut definierte Regeln Sicherheit, auf deren Einhaltung Sie achten sollten. Hochsensible Kinder werden sich in aller Regel akribisch danach richten, sofern sie den Sinn dahinter verstanden haben und nicht aufgrund einer Überreizung neben sich stehen. Durch ihr ausgeprägtes Gerechtigkeitsgefühl fordern sie die Einhaltung von Regeln überwiegend selbst ein, da sie sonst einer starken Irritation ausgesetzt sind. Nebst einer guten Struktur und klaren Regeln bieten auch wiederkehrende Rituale Sicherheit.

## Die Räumlichkeiten

Für Kinder mit einer hohen Reizaufnahme (nicht nur für hochsensible Kinder) ist es sinnvoll, eine klare Strukturierung der Räumlichkeiten vorzufinden. Dies erleichtert die Orientierung und kann ein gewisses Maß an innerer Unruhe minimieren. Achten Sie zusätzlich darauf, dass Rückzugsmöglichkeiten vorhanden sind, wie beispielsweise ein abgetrennter Ruheraum. In beengten Verhältnissen heißt es, kreativ zu sein. Vielleicht könnte es in der Leseecke eine Art Ruhezone geben, die ein wenig abgetrennt ist von den anderen Bereichen? Oder eine Art Zelt oder Tipi, das Rückzug ermöglicht und ein wenig abschirmt? Eine Reizreduzierung kann auch ein Außenbereich bieten oder Spaziergänge in der Natur ermöglichen. Eine Option zum Rückzug ist für hochsensible Kinder nicht nur eine nette Randerscheinung, sondern eine Notwendigkeit, damit sich die Sinnesreize erholen und die Kinder sich selbst regulieren können.

Förderlich können ebenso Bewegungsangebote sein, um die innere Anspannung loszuwerden, die hochsensible Kinder durch den stets latent erhöhten Stresspegel haben.

## Der Morgenkreis

Hochsensible Kinder haben mit dem Morgenkreis mitunter ihre Mühe. Die Hintergründe können unterschiedlich sein und reichen von Unterforderung bis zur Überforderung. Zum einen fällt es hochsensiblen Kindern schwer, im Fokus zu stehen und vor der Gruppe zu reden, wenn alle Augen auf sie gerichtet sind. Zum anderen kann es sein, dass es kognitiv leistungsfähigeren hochsensiblen Kindern mitunter schwerfällt, Antworten von anderen Kindern abzuwarten. Für beide Fälle benötigt es Handlungsstrategien, damit die hochsensiblen Kinder nicht in auffälliges Verhalten rutschen.

## 4.2 Die Schulzeit

Die Schulzeit kann für Sie und Ihr hochsensibles Kind eine große Herausforderung darstellen. Dies liegt daran, dass hochsensible Kinder durch die Vielzahl der Außenreize zusätzlich zum Lernstoff viel zu verarbeiten haben. Die Konzentrationsfähigkeit ist daher stark abhängig vom inneren und äußeren Gleichgewicht, von der Klassenatmosphäre, von der Stabilität des Freundeskreises, von der Beziehung zum Lehrer und vielem mehr. Auch die Optionen eines Rückzugs sind im Vergleich zum Kindergarten nicht in gleichem Maß möglich. Ist ein hochsensibles Kind nicht im Gleichgewicht, können die schulischen Leistungen nachlassen. Aus diesem Grund ist es notwendig, einige Dinge zu beachten.[51]

### Die Überstimulation in den Griff bekommen

Hochsensible Kinder kommen in der Regel von Eindrücken überflutet aus der Schule. An sofortiges Weiterarbeiten ist oft nicht zu denken. Solange diese Kinder emotional und gedanklich noch mit dem Geschehen in der Schule beschäftigt sind, kann sich das Gehirn nur schwer auf Lernprozesse einstellen.

Beobachten Sie bei Ihrem Kind direkt nach der Schule Anzeichen einer Überstimulation, sollte eine Ruhephase erfolgen, bevor es mit den Hausaufgaben und dem Lernen weitermacht. Bildlich gesprochen bedeutet dies ein „Entleeren der Zwischenablage“, von der in Kapitel 1 gesprochen wurde. Wie das „Entleeren“ praktisch umgesetzt wird, hängt von den Vorlieben jedes Kindes ab. Dies kann zum Beispiel geschehen durch eine Erzählrunde am Mittagstisch oder eine halbe Stunde Pause nach dem Essen mit Lesen, Spielen, Hörbücher- oder Musikhören.

Schaffen Sie zudem zum Stress in der Schule einen Ausgleich in der Freizeit, indem Sie den Tages- und Wochenablauf entschleunigen, wenige gezielte Termine für das Kind auswählen und immer wieder für Pausen sorgen. Zudem ist es hilfreich, ihm Auszeiten zu gönnen, indem lernfreie Tage eingerichtet werden. Denn: Hochsensible Kinder können nicht unentwegt powern. Je erholter sie sind, desto besser ist auch ihre Lernfähigkeit. Ein freier Tag pro Woche ist auf jeden Fall empfehlenswert.

Bei der Freizeitgestaltung sollten Bewegung, Natur und je nach Vorlieben Musik oder kreatives Gestalten im Vordergrund stehen. Medien wie Fernseher, PC, Nintendo etc. schaffen nicht denselben Erholungseffekt, sondern können eine Übererregung zusätzlich fördern.

## Vorausplanen

Auch in schulischen Belangen gilt wie bei anderen Themen: Planen Sie mit Ihrem Kind so viel wie möglich und strukturieren Sie den Tag, die Woche oder auch größere Phasen bis zu den nächsten Ferien. Fragen wie *„Welche Termine habe ich nächste Woche? Welche am nächsten Tag? Welche Aufgaben müssen heute unbedingt erledigt werden, weil sie wirklich keinen Aufschub vertragen?“* sind hilfreich, damit es sich auf die Anforderungen einstellen kann. Setzen Sie sich am Wochenende vor den Terminkalender und besprechen Sie mit Ihrem Kind die kommende Woche vor. Sinnvoll kann es ebenso sein, einen Wochenplan zu erstellen.

Packen Sie das Lernpensum in kleine Portionen und strukturieren Sie den Lernstoff. Auf diese Weise haben hochsensible Kinder weniger das Gefühl, vor einem großen Berg zu stehen, der nicht zu bewältigen ist. In fortgeschrittenem Alter können die Kinder dann selbstständig Pläne machen und ihre eigene Struktur umsetzen.

## Der Lernstil

Hochsensible Kinder sind ganzheitliche Denker. Sie lernen am besten, wenn sie einen Gesamteindruck über den Lernstoff erhalten und den Kontext immer im Blick haben. Hochsensible Kinder lieben Metaphern, Bilder, Beispiele und Assoziationen und können sich die Lerninhalte auf diesem Weg besser abspeichern. Diese sehr umfangreiche Art des Lernens ist sehr effektiv und gewinnbringend, benötigt in Summe allerdings aufgrund des Umfangs viel mehr Zeit. Nicht selten haben hochsensible Kinder aus diesem Grund ein Problem mit dem Arbeitstempo. Hausaufgaben und Lernsituationen ziehen sich zeitlich oftmals in die Länge.

Hochsensible Kinder benötigen beim Lernen viel Zeit und Ruhe. Äußere Reize sollten aus diesem Grund so weit wie möglich minimiert werden. In entspanntem Zustand haben hochsensible Kinder eine hohe Detailwahrnehmung. Unter Stress (sei es gedanklicher Stress, Zeitstress oder emotionaler Stress) sind sie blockiert und haben Mühe, zuzuhören und Inhalte abzuspeichern. Stress kann auch ausgelöst werden, wenn der eigene Anspruch, alles richtig zu machen, ein entspanntes Lernen verhindert.

## Der Kontakt zur Lehrkraft

Hochsensible Kinder lernen personengebunden. Besteht eine gute Beziehung zur Lehrkraft, können hochsensible Kinder sich entfalten. Sie trauen sich dann auch verstärkt, mündlich mitzuarbeiten und Beiträge zu bringen. Versuchen Sie aus diesem Grund, von Beginn an eine gute Beziehung zur Lehrkraft aufzubauen. Dies kann Ihrem hochsensiblen Kind zugutekommen. Inwiefern die Hochsensibilität in Lehrergesprächen thematisiert werden sollte, hängt von einigen Faktoren ab. Haben Sie das Gefühl, dass Ihr Kind gut in der Schule angekommen und integriert ist, muss das Thema nicht unbedingt angesprochen werden. Gibt es Anzeichen für Probleme (sitzt das hochsensible Kind z. B. neben einem Mitschüler, mit dem es Konflikte gibt), so ist es sinnvoll, die Lehrkraft über die Besonderheiten und Bedürfnisse des Kindes aufzuklären und gemeinsam nach einer Lösung zu suchen. Dabei können Sie seine Bedürfnisse beschreibend erläutern oder die Lehrkraft über das gesamte Konzept der Hochsensibilität informieren. Entscheiden Sie dies anhand Ihres Vertrauens zur Lehrkraft und ihrer Offenheit in puncto Individualität.

## Hinweise für Lehrerinnen und Lehrer

Vielleicht denken Sie als Lehrkraft, dass die Hochsensibilität eine neue Erfindung ist, um AD(H)S abzulösen oder anderen Störungsbildern nicht ins Auge sehen zu müssen. Weit gefehlt. Hochsensibilität existiert als Persönlichkeitsmerkmal schon seit jeher. Schon immer gab es mutige Handler und umsichtige Denker. Dass die Hochsensibilität erst heute vermehrt ins Gespräch kommt, liegt am gesellschaftlichen Wandel. Unser Leben ist viel schnelllebiger geworden. Die Lebenswelt von Heranwachsenden ist oftmals mit großen Herausforderungen gepflastert, die hochsensible Kinder ohne Hilfestellung kaum bewältigen. Aus diesem Grund fallen Hochsensible vermehrt auf. Ein Umfeld zu gestalten, das auch dieser Persönlichkeit Respekt zollt, ist eine wichtige, aber auch herausfordernde Aufgabe.

## Checkliste für Lehrkräfte

Nebst den Fragen von Elaine N. Aron zur Einschätzung der Hochsensibilität eines Kindes haben Sie hier die Möglichkeit, anhand mehrerer Aussagen abzuwägen, ob Sie ein hochsensibles Kind vor sich haben.

Der Schüler / die Schülerin …

- ❑ ist sehr schreckhaft.
- ❑ zuckt zusammen, wenn er/sie aufgerufen wird, läuft rot an und wirkt wie blockiert.
- ❑ hält sich bei Gruppenarbeiten stark zurück und lässt andere entscheiden.
- ❑ redet ungern vor der Gruppe.
- ❑ kann keine schnellen Antworten geben, reagiert auf Fragen meist sehr spät.
- ❑ braucht für die Umsetzung einer Aufgabe sehr lange.
- ❑ kommt bei Aufgaben mit Zeitlimit äußerst schnell unter Druck.
- ❑ hält sich gerne im Hintergrund.
- ❑ möchte sein Wissen nicht zur Schau stellen.
- ❑ mag es nicht, im Rampenlicht zu stehen.
- ❑ muss sehr vorsichtig angesprochen werden, ein rauer Tonfall sorgt für Rückzugsverhalten.
- ❑ fühlt sich bei Kollektivstrafen ungerecht behandelt.

- ❑ hat einen hohen Gerechtigkeitssinn.
- ❑ hat einen klugen Sinn für Humor.
- ❑ hat ein ausgesprochen gutes Gedächtnis.
- ❑ ist ein ganzheitlicher Denker und Lerner.
- ❑ ist äußerst introvertiert.
- ❑ ist sehr einfühlsam.
- ❑ setzt sich für schwächere Mitschüler ein.
- ❑ denkt mehr an die Bedürfnisse der anderen als an die eigenen Bedürfnisse.
- ❑ hat einen für sein/ihr Alter ungewöhnlich gehobenen Wortschatz.
- ❑ zeigt seine/ihre Leistung dann am besten, wenn man ihm/ihr kaum Beachtung schenkt.
- ❑ kommt schlecht mit großen Veränderungen klar, zum Beispiel Raumwechsel, Lehrerwechsel.
- ❑ mag keine Überraschungen.
- ❑ ist selten spontan.
- ❑ ist sehr perfektionistisch und mit sich unzufrieden, wenn eine Leistung nur dem Mittelmaß entspricht.
- ❑ ist lärmempfindlich.
- ❑ kann sich bei Klassenlärm schlecht konzentrieren, wird dann fahrig und unkonzentriert.
- ❑ mag keine turbulenten Spiele im Sportunterricht.

## Wie Lehrerinnen und Lehrer unterstützen können

Lehrkräfte stehen heute mehr denn je vor der Herausforderung, neben der Vermittlung schulischer Inhalte mit den unterschiedlichsten Persönlichkeiten innerhalb einer Klasse umzugehen und eine von Respekt getragene Klassengemeinschaft zu schaffen. Oft ist die Bandbreite an Charakteren sehr groß, eventuell müssen etliche Kinder mit psychischen Störungen integriert werden. Wenn nun noch die Bitte der Eltern an Lehrer herangetragen wird, sich um die hochsensiblen Kinder zu bemühen, so kann dies zu Recht zu einem Gefühl der Überforderung führen.

Als Expertin für hochsensible Kinder möchte ich an dieser Stelle ein Plädoyer für die Betroffenen halten und gleichzeitig auf die Lehrer mit Verständnis eingehen. Hochsensible Kinder sind in einer Klassengemeinschaft üblicherweise diejenigen, die sich ruhig und angepasst verhalten, die versuchen, ihre Schullaufbahn so unauffällig wie möglich zu durchlaufen. Es sind in der Regel dankbare Kinder, denen man das reiche Innenleben und oftmals auch ihr Potenzial nicht ansieht. Sie werden nicht selten verkannt. Dabei brauchen diese Kinder wenig, um sich wohlzufühlen und sich zu integrieren. Es lohnt sich, ein besonderes Augenmerk auf diese Kinder zu haben, denn sie können die Klassengemeinschaft durch ihren hohen Gerechtigkeitssinn, ihre Empathie, ihre Anpassungsfähigkeit und ihre Kreativität bereichern.[52]

### Aneignung von Fachwissen

Schulklassen sind in den seltensten Fällen homogen. In jeder Klasse finden sich in der Regel Schüler mit den unterschiedlichsten Persönlichkeitsstrukturen wieder. Als Lehrer können

Sie davon ausgehen, dass die Hochsensibilität bei ca. 15 bis 20 Prozent Ihrer Schulkinder vorzufinden ist. Aufgrund des hohen Prozentsatzes lohnt es sich in jedem Fall, sich über dieses Persönlichkeitsmerkmal zu informieren. Eignen Sie sich Wissen über die jeweiligen Ausprägungsformen einer Hochsensibilität an, informieren Sie sich über die spezifischen Bedürfnisse, den jeweiligen Lernstil und die Hürden, vor denen diese Kinder mitunter stehen. Hochsensible Kinder profitieren beträchtlich, wenn sie eine Lehrkraft haben, die ehrlich und mit Überzeugung an sie glaubt, sie fördert und wohlwollend fordert.

## Die Bedeutung der Klassengemeinschaft

Ein hochsensibles Kind benötigt Zeit, um sich in die Klassengemeinschaft zu integrieren. Es wird zunächst damit beschäftigt sein, sich über Beobachtung und Reflexion ein Bild über die Klassenkonstellation und die Temperamente der jeweiligen Mitschüler zu machen. Wenn es sich sicher fühlt, wird das hochsensible Kind aktiv werden und zunehmend an der Klassengemeinschaft teilhaben. Geben Sie ihm diese Zeit. Ein ausgeglichenes individuelles Erregungsniveau und eine entspannte Klassenatmosphäre helfen dem Kind zusätzlich, sich an Klassenaktivitäten zu beteiligen.

Sollte es längerfristige Integrationsprobleme geben, benötigt es zusätzliche Unterstützung. Setzen Sie das Kind neben Mitschüler, deren Temperament zu einem hochsensiblen Kind passt, steuern Sie die Zusammensetzung der Schülergruppen, wenn Sie Arbeitsaufträge vergeben, und helfen Sie ihm, seine Bedürfnisse zu äußern und diese auch einzufordern. Bedenken Sie, dass insbesondere interne Klassenkonflikte und ein hoher Lärmpegel als stressig erlebt werden und zu Rückzugsverhalten beim hochsensiblen Kind führen können.

## Das Erregungsniveau des hochsensiblen Kindes im Blick behalten

Für ein hochsensibles Kind ist es mitunter schwer, ein optimales Erregungsniveau aufrechtzuerhalten. Unter- und Überforderung können ebenso Stress auslösen wie unvorhergesehene Aktionen, spontanes Aufgerufenwerden und Sprechen vor der gesamten Klasse. Dabei sind die Stresssymptome sehr unterschiedlich und reichen von Erröten über plötzliches Verstummen oder Weinerlichkeit bis hin zum Auftreten unerwünschter Verhaltensweisen. Ist der Stresspegel zu hoch, kann es zu Blockaden kommen, die es den Kindern nicht mehr ermöglichen, ihre Leistungen zu zeigen. Oft können bereits kleine Unterstützungsmaßnahmen Ihrerseits helfen, aus dem Stressmodus herauszutreten. Durch minimale Interventionen sorgen Sie für Rückzugsmöglichkeiten, sobald Sie merken, dass das Kind in einen Stressmodus verfällt.

## Der Unterricht

Aufgrund ihrer hohen Reizaufnahme profitieren hochsensible Kinder von einer guten Strukturierung des Unterrichts. Dabei spielt sowohl die Inhalts- als auch die Zielklarheit eine entscheidende Rolle. Gut definierte und umgesetzte Regeln sind das A und O. Je vorhersehbarer für das Kind ist, was von ihm erwartet wird, desto mehr Sicherheit kann es aufbauen und sich öffnen. Veränderungen im Tages- oder Stundenablauf, Lehrerwechsel oder andere plötzliche Veränderungen sollten frühzeitig bekannt gegeben werden. Auf diese Weise kann sich das hochsensible Kind darauf einstellen.

Behalten Sie zusätzlich im Blick, dass die Leistung eines hochsensiblen Kindes sehr stark vom Klassenklima und der

Menge der einströmenden Reize abhängig ist. Betrachten Sie das Klassenzimmer aus der Perspektive eines hochsensiblen Kindes: Sitzt das Kind neben einem ruhigen, ihm wohlgesonnenen Kind? Hat es wenige Reize vor und neben sich? Wie ist das Raumklima? Wie hoch ist der Lärmpegel innerhalb der Klasse? Wie konstruiert sich die Raumstruktur?

## Die Leistungsbewertung

Hochsensible Kinder sehen Leistungsbewertungen oft sehr sorgenvoll entgegen. Der Wunsch nach Perfektion und zeitgleich nach Akzeptanz sorgt nicht selten für eine Blockade. So spiegeln mündliche Beiträge und die mündliche Mitarbeit eines hochsensiblen Kindes selten die wahre Leistungsfähigkeit wider. Sich mündlich zu äußern ist bei einem hochsensiblen Kind mit dem Risiko verknüpft, Fehler zu machen, ausgelacht zu werden und sich zu blamieren. Infolgedessen halten sich diese Kinder oft im Hintergrund.

Zu bedenken ist auch, dass hochsensible Kinder das Bedürfnis haben, über Fragen detailliert nachzudenken, bevor sie antworten. Geben Sie ihm wo möglich ausreichend Zeit zur Reflexion. In Brainstorming-Runden werden hochsensible Kinder ihre tiefen Gedankengänge und ihr Wissen nur selten mitteilen können. Zusätzlich zur direkten Leistungsbewertung mit mündlichem Abfragen haben hochsensible Kinder häufig auch Probleme mit schriftlichen Leistungsnachweisen, insbesondere dann, wenn der Zeitdruck sehr hoch ist und die Aufgabenstellungen unübersichtlich generiert sind. Individuelle Lernstandsanalysen können helfen, den aktuellen Wissensstand des Kindes zu ermitteln.

## Die Bedeutung der LehrerIn-Schüler-Beziehung

Eine gute LehrerIn-Schüler-Beziehung ist für alle Kinder und Jugendlichen förderlich. Für besonders feinfühlige Kinder ist ein gutes Miteinander aber elementar und Grundbedingung, um sich innerhalb der Schule entfalten zu können. Hochsensible Kinder profitieren laut Untersuchungen erheblich von Lehrpersonen, die Empathie, Verständnis und Gerechtigkeit ausstrahlen. Große Mühe haben diese Schüler hingegen mit Dominanz, Strenge und Autorität.[53]

### *Noch zwei kurze Hinweise:*

1. Zeigt das Kind eine Verweigerungshaltung, lohnt es sich auf jeden Fall, die Gründe zu erforschen: Ist es die Angst vor Fehlern, vor einer Blamage, vor dem Auffallen in der Klasse? Wenn Sie wissen, welche Ursache zugrunde liegt, können Sie Sorgen und Ängste des Kindes minimieren, indem Sie umsichtig handeln, und Sie können sich auch selbst entlasten, indem Sie so längerfristigen Problemen präventiv begegnen.
2. Kollektivstrafen treffen meist die feinfühligen Kinder hart. Durch ihre hohe Anpassungsfähigkeit sind sie oft diejenigen, die sich an Regeln halten, um wenig aufzufallen. Kollektivstrafen sorgen für ein individuelles Gefühl der Ungerechtigkeit, während die hochsensiblen Kinder gleichzeitig über ein eigenes Fehlverhalten grübeln, das bei angepassten Kindern meist nicht vorhanden ist. Dies kann zu erheblichen Irritationen führen.

## 4.3 Die Pubertät

Unter Pubertät versteht man die Zeitspanne, in der sich das Mädchen zur Frau und der Junge zum Mann entwickeln. Sie ist die Brücke zwischen Kindheit und Erwachsensein. Das Übergangsstadium ist dabei nicht nur auf die körperliche, sondern auch auf die seelische Entwicklung bezogen und bedeutet nicht selten eine Zeit sozialer und psychischer Unausgeglichenheit. In mehrfacher Hinsicht vollzieht sich ein Wandel: Körperliche und emotionale Veränderungen gehören genauso dazu wie das Hinterfragen von bisherigen Wertmaßstäben mit dem Ziel, ein eigenes Werte- und Moralsystem zu entwickeln und damit sich auch von den Eltern abzugrenzen und abzulösen.

### Die Hürden für Hochsensible in der Pubertät

#### *Der Wunsch nach Sicherheit*

Nun haben es hochsensible Jugendliche in mancherlei Hinsicht schwerer als andere, die Pubertät zu meistern. Die Gründe hierfür sind vielfältig. Zum einen lösen Veränderungen bei hochsensiblen Jugendlichen meist Ängste und Sorgen aus, weil das große Bedürfnis nach Sicherheit gefährdet ist. Zudem sorgt das Verhaltenhemmsystem dafür, dass die „Sturm- und Drangphase“ nicht in dem ausgeprägten Maß als bei anderen ausgelebt wird. Hochsensible vermeiden auch in dieser Lebensphase oft Risiken, sind an der Einhaltung von Regeln interessiert und bevorzugen Einzel- oder Kleingruppenaktivitäten. Im Gegensatz dazu orientieren sich andere Jugendliche an größeren Gruppen, sind risikofreudig, offen für alles Neue und wollen Grenzen testen, indem sie Regeln überschreiten. Dies führt in Summe einmal mehr dazu, dass hochsensible Jugendliche sich anders fühlen. Umso wichtiger ist es, ihnen in einer viel früheren Phase der Kindheit bereits die Unterschiede zwischen hochsensiblen und nicht hochsensiblen Persönlichkeiten zu erläutern.

### Der Ablösungsprozess von den Eltern

Im Kindesalter sind Eltern die wichtigsten Vorbilder und leisten dadurch einen großen Teil der Erziehung. Während der Pubertät versuchen Jugendliche, sich von den Eltern zu distanzieren. Dies können sie nur, wenn sie sich nicht mehr an den Eltern orientieren, sondern neue Leitbilder und Beziehungen aufbauen. „Genauso wie das Kleinkind sich von den Eltern entfernt, um dieses neue Gefühl der Abgrenzung kennen zu lernen, muss sich auch der Jugendliche entfernen, um seine Eltern und die Ursprungsfamilie aus der Ferne zu betrachten und sich kritisch mit ihnen auseinander zu setzen. In Krisensituationen jedoch braucht er wieder die Familie, die ihn auffängt und stabilisiert", so Roswitha Spallek.[54]

Eine innerliche und äußerliche Abgrenzung zum Elternhaus ist demnach eine wichtige Entwicklungsaufgabe von Jugendlichen. Diese Abnabelung fällt hochsensiblen Jugendlichen mitunter schwer, weil sie aufgrund ihres hohen Sicherheitsbedürfnisses meist eine intensive emotionale Bindung zu ihren Eltern pflegen. Innere Konflikte sind vorprogrammiert: *„Soll ich meinem Sicherheitsbedürfnis nachgehen und mich an meine Eltern halten oder das Risiko wagen, meinen ganz eigenen Weg zu gehen?"* Diese inneren Konflikte werden Sie als Eltern zu spüren bekommen. Das Wechselspiel zwischen Anhänglichkeit und Ablehnung wirkt mitunter sehr irritierend und ist keinesfalls persönlich zu nehmen. Es hat nichts mit Ihnen zu tun, sondern ist ein notwendiger Schritt innerhalb des Loslösungsprozesses. Fassen Sie es, wo irgend möglich, als Kompliment auf, wenn Ihr Jugendlicher sich mit Ihnen reibt. Es kann als Zeichen einer engen Bindung gedeutet werden, die allerdings aufgrund des Entwicklungsweges gelockert werden muss.[55]

### Möglichkeiten der Wegbegleitung

Nehmen Sie den Entwicklungsstand der Jugendlichen ernst und akzeptieren Sie die widersprechenden Signale und Bedürfnisse. Suchen Sie schon früh nach weiteren Bezugspersonen, wie zum Beispiel Jugendleiter, Trainer, Tanten und Onkel etc., die als „Ersatzeltern" fungieren und Sie in der Phase unterstützen können, in denen Sie nicht mehr den gewohnten Einfluss bei Ihrem Kind haben.

Nehmen Sie die Ansichten der Jugendlichen ernst und zeigen Sie Gesprächs- und Kompromissbereitschaft. Dies signalisiert dem/der Hochsensiblen, dass er/sie etwas bewegen und sich durchsetzen kann. Hilfreich kann es auch sein, den/die Jugendliche(n) zur Unterstützung und Hilfe von alltäglichen oder besonderen Aufgaben heranzuziehen. Dies gibt Ihrem Kind das Gefühl, gebraucht zu werden.

## 4.4 Zusammenfassung

Hochsensible Kinder sind wertvolle Kinder, genauso unersetzbar wie jede andere Persönlichkeit auch. Sie in ihrem Wesen und in ihrem Verhalten zu verstehen, ist eine der wesentlichen Aufgaben, die wir als Bezugspersonen haben. Dabei ist das Verständnis weder auf Knopfdruck vorhanden, noch ist es einmal erreicht und dann für immer verfügbar. Verständnis wächst. Mit jedem Tag, jedem Monat und jedem Jahr an Begleitung. Verständnis wächst mit jeder neuen Situation, die man gemeinsam bewältigt. Finden hochsensible Kinder an ihrer Seite jemanden, der ihnen bedingungslose Wertschätzung entgegenbringt, der genau hinhört, nicht bewertet, sondern als Ermutiger und Wegbegleiter an ihrer Seite steht, dann haben sie die besten Chancen, gestärkt und standhaft durch das Leben zu gehen.

Ermutigung und Stärkung haben diese Kinder immer wieder von Neuem nötig. Denn jede Entwicklungsphase, jeder nächste Schritt, jeder Gang aus der Komfortzone kann zu neuer Verunsicherung führen. Aber mit stetiger Begleitung werden Hochsensible an Rückgrat gewinnen. Sie werden wissen um ihre Talente und Begabungen und zeitgleich um ihre Schwächen. Sie werden damit haushalten können und ihren Weg finden. Wenn hochsensible Kinder früh schon die Botschaft erhalten, dass sie wichtig und wertvoll sind, dass sie mit ihrer Art etwas in unserer Welt bewegen können, dann werden sie Herausforderungen angehen und daran wachsen. Und sie werden auch in Umbruchzeiten wie in der Pubertät ihren Weg meistern. Lassen Sie uns zu Wegbegleitern werden – es lohnt sich.

# 5. HÄUFIG GESTELLTE FRAGEN

An dieser Stelle möchte ich einige Fragen veröffentlichen, die häufig an mich herangetragen wurden. Vielleicht finden Sie sich bei dem einen oder anderen Thema wieder. Sie werden merken: Sie sitzen mit den Herausforderungen nicht allein im Boot.

### *Wie kann ich das Selbstbewusstsein eines hochsensiblen Kindes stärken?*

Die Stärkung des Selbstbewusstseins ist ein elementares Thema in der Begleitung hochsensibler Kinder. Aufgrund des hohen Sicherheitsbedürfnisses sind hochsensible Kinder in aller Regel sehr vorsichtig und vermeiden Risiken. Zeitgleich fokussieren sie sich darauf, Herausforderungen aus dem Weg zu gehen und möglichst keine Fehler zu machen. Die Ausrichtung orientiert sich größtenteils an Altbekanntem und Altbewährtem. Was ihnen damit häufig entgeht, sind Erfolgsmomente, die sie erleben, wenn sie Risiken eingehen. Hier benötigen hochsensible Kinder Unterstützung. Zum einen, indem wir sie immer wieder aus der Komfortzone locken und sie vor bewältigbaren Herausforderungen stellen. Zum anderen, indem wir ihnen Erfolge vor Augen führen. Beherzigen Sie das Motto „Catch them beeing good". Spiegeln Sie Ihrem Kind, wenn ihm etwas gelingt, weil es selbst eventuell den Blick davor versperrt. Begleiten Sie es immer wieder sanft, aber klar aus der Komfortzone heraus. Trauen oder auch muten Sie Ihrem Kind etwas zu – stets dosiert, kleinschrittig, herausfordernd, aber nicht überfordernd. Mit jedem Erfolg wird es an Selbstbewusstsein wachsen, stärker werden, sich etwas zutrauen. Vergleichen Sie es mit einem Hanteltraining: Mit jedem Gewichtheben wird ein Muskelstrang stärker. Auf diese Weise gewinnt man Rückgrat und erhält einen stabilen Stand. Genauso benötigt es Ihr Kind.

### *Wie kann ein Kindergartenkind mit der ganzen Reizüberflutung in der Einrichtung zurechtkommen? Was mache ich bei Widerständen?*

In der Tat ist das Thema Reizüberflutung in der Kita für ein hochsensibles Kind ein großes Thema. Während Sie bei der familiären Betreuung noch die Möglichkeit hatten, Reize zu minimieren und die Menge der Aktivitäten gut zu dosieren, ist dies in einer außerfamiliären Betreuung nicht mehr möglich. Dennoch müssen Sie nicht tatenlos zusehen. Sie können Ihr Kind auf diesen Schritt vorbereiten und Strategien erarbeiten. Überlegen Sie gemeinsam, welche Bereiche in der Einrichtung einigermaßen reizarm sind. Beispielsweise sind die Bewegungsräume durch Lärm und viel Bewegung reiz-voll, während Leseräume oder -ecken um einiges ruhiger sind. Vielleicht gibt es in der Einrichtung Ihres Kindes noch einen weiteren Raum, der Ruhe ausstrahlt? Legen Sie Ihrem Kind nahe, immer wieder dorthin zu gehen, um sich eine kleine Auszeit zu nehmen. Zeitgleich können Sie mit ihm erarbeiten, wie es den Zustand von „alles wird zu viel“ erkennen kann. Besprechen Sie mit den ErzieherInnen, welche Rückzugsmöglichkeiten es im Falle einer Überreizung gibt und wie sie Ihr Kind darin unterstützen können, sich die Auszeit zu nehmen.

Massive Widerstände gibt es immer dann, wenn das Kind keine Bewältigungsstrategien für ein bestimmtes Thema hat. Hier heißt es zunächst, den Hintergrund der inneren Blockade zu erforschen. Ist es mangelnde Sicherheit bezüglich anderer Kinder? Weiß es nicht, mit wem es spielen kann? Ist es die Menge an nicht verarbeitbaren Reizen? Je klarer Sie die Ursache festmachen können, desto passgenauer können Sie Lösungen finden. In manchen Fällen ist eine Fremdbetreuung für das Kind noch zu früh und es ist noch nicht bereit, sich von den Eltern abzulösen. Vielleicht ist die Zeitdauer in der Einrichtung gemessen an der Entwicklung Ihres Kindes noch zu groß. Widerstände bedeuten immer Panik. Ist die Herausforderung an einer Stelle zu groß, sollten Sie kleinschrittiger denken, damit Ihr Kind die Herausforderung bewältigen kann.

***Meine Tochter (4 Jahre) ist sehr interessiert an naturwissenschaftlichen Themen. Sie ist aber auch kreativ und malt gerne. Nun würde ich sie gerne fördern, aber jedes Angebot findet in einer Gruppe statt, was in ihr großen Stress auslöst und vermutlich auch eine Eingewöhnung erfordert. Wie macht man das am besten mit den Hobbys? Wie stärke ich mein Kind?***

Es ist sehr wertvoll, wenn Eltern die Stärken ihres Kindes im Blick haben und Ausschau halten nach Möglichkeiten, es entsprechend zu fördern. Gehen hochsensible Kinder ihren Talenten nach, erleben sie sich als kompetent und können Selbstvertrauen aufbauen.

Nun ist es ab einem gewissen Alter so, dass Kurse automatisch nur noch ohne Eltern angeboten werden. Für hochsensible Kinder ist das eine große Herausforderung, weil sie von ihrer Entwicklung meist noch nicht so weit sind und eine vertraute Person in ihrer Nähe benötigen, bis sie Sicherheit erlangt haben und die Herausforderung allein bewältigen. Von daher ist es sinnvoll, mit der Kursleitung ins Gespräch zu gehen, um eine Art Eingewöhnung zu erbitten oder zumindest ein einmaliges Dabeisein, damit auch Sie als Elternteil den jeweiligen Ablauf, die Gruppenzusammensetzung etc. kennenlernen und das Kind für das nächste Mal darauf vorbereiten können (z. B. neben wem es sitzen kann, wie der Ablauf sein wird etc.). Lässt die Kursleitung sich nicht darauf ein und boykottiert Ihr Kind damit, heißt es, weitere Optionen zu recherchieren. Grundsätzlich ist das Üben in kleinen Gruppen insbesondere im Vorschulalter sehr hilfreich. Es sollte aber zu keiner Überforderungssituation kommen, damit das Kind weiter offen bleibt für die nächsten Entwicklungsschritte.

***Kommen hochsensible Kinder in einer Kita-Regelgruppe mit 25 Kindern zurecht oder ist es sinnvoll, eine Kleingruppe anzustreben? Und ist es gut, unsere Tochter im Kindergarten zu „schützen", wenn sie dann in der Schule mit 25 bis 30 Kindern in einer Klasse sitzt?***

Herausforderungen und Erweiterungen der Komfortzone werden kommen. Die Frage ist nur, wann etwas zur Überforderung wird. Pauschal dafür oder dagegen zu plädieren, halte ich nicht für den richtigen Weg. Dafür spielen zu viele Details eine Rolle. Selbstverständlich kann es eine schrittweise Gewöhnung an eine Gruppengröße geben. Kleinschrittiges Vorgehen würde hier bedeuten, zunächst mit einer Kleingruppe zu starten, um dann nach und nach die Gewöhnung an eine große Gruppe zu ermöglichen. (Beispiel: zunächst familiäre Betreuung, dann Tagesmutter, Kita, Schule). Aber vieles hängt noch von weiteren Faktoren ab. Wie ist der Personalschlüssel, wie sind die Persönlichkeiten der betreuenden Personen? Kennt das Kind bereits Kinder, sodass es Sicherheitsanker gibt und Vertrautes? Welche Einrichtung ist im Einzugsgebiet und ermöglicht irgendwann mehr Eigenständigkeit? Gibt es eine Einrichtung, bei der die Kinder gemeinsam von der Kita bis zur Schule ziehen?

Diese und ähnliche Fragen sollten Sie einbeziehen, wenn es darum geht, die richtige Einrichtung auszuwählen. Vielleicht hilft es Ihnen, dass es kein Richtig oder Falsch gibt, weil jede Entscheidung mindestens eine Herausforderung bereithält, die es zu meistern gibt. Die Frage ist vielmehr, welche die Variante mit dem geringsten Kräfteverlust ist.

### *Welche Schule kann man hochsensiblen Kindern guten Gewissens empfehlen?*

Manche AutorInnen legen sich an dieser Stelle fest. Dies halte ich nicht für gewinnbringend. Weder die staatliche Schule noch die alternative Schule ist als Gesamtpaket immer nur gut oder nur schlecht. Auch hier heißt es, differenziert zu analysieren, um eine gute Entscheidung treffen zu können. Das Hauptkriterium ist in der Regel: Welche Einrichtung bietet die meisten Sicherheitsanker? Um dies herauszufinden, sollten Sie wissen, was Ihr Kind als Sicherheitsanker empfindet. Ist es die Präsenz seines besten Freundes? Oder die Bekanntheit des Gebäudekomplexes? Ist es eine klare Strukturierung des Schulalltages, das Wissen, dass die Schule kein Leistungsprinzip fährt? All diese Überlegungen gehören miteinbezogen.

Relevant ist auch, wie die konkrete Umsetzung der entsprechenden Konzeptionen ist. Um einen Überblick zu bekommen, notieren Sie sich gerne einmal Werte, die Ihnen und Ihrem Kind wichtig sind. Ist es der soziale Aspekt, die Wertekonformität, das Lernen ohne Druck, die freie Zeit, die gegeben sein sollte? Überlegen Sie sich dann, welche Schule an welcher Stelle den Werten entspricht. Auf diese Weise sehen Sie rasch, bei welchen Schulen die meisten Übereinstimmungen sind und wo es Herausforderungen anzugehen gilt. Eine Schule ohne Herausforderung wird es nicht geben. Wählen Sie diejenige, bei der Sie ein Gefühl der Überschaubarkeit haben.

### *Wie kann man hochsensible Kinder in der Pubertät stärken, die unter Sinnkrisen leiden?*

Wer den Film *Alles steht Kopf* kennt, der weiß um die Situation, die sich in der Phase der Pubertät abspielt. Es wird buchstäblich alles auf den Kopf gestellt. Die bisher geltenden Werte, die familiäre Stabilität, auch das bis dahin aufgebaute Selbstvertrauen und die Selbstwirksamkeit. Und genau in dieser Phase heißt es, sich von den Stabilität vermittelnden Eltern abzulösen, um sein eigenes Lebenskonzept zu entwickeln. Dabei ist noch unklar, wie die eigene Identität aussehen soll. Es ist eine Phase von „Nicht mehr so – aber wie dann?". Das macht Angst, verunsichert und die Frage nach dem Sinn des Lebens keimt auf.

Sofern Ihr Kind noch nicht mitten in dieser Phase angekommen ist, möchte ich Ihnen wärmstens ans Herz legen, dass Sie Kontakte zu „Ersatzeltern" anbahnen. Personen, die während der Pubertät Verantwortung mit übernehmen können. Das kann der Jugendpastor sein, die Reitlehrerin, die Jungscharleiterin, der Pfadfinderleiter. Zu einem früheren Zeitpunkt kann es auch hilfreich sein, das Kind vor dem Teenageralter mit Hobbys in Verbindung zu bringen, die sinnstiftend sind, bzw. mit Gruppierungen, die gute Werte vermitteln (beispielsweise Pfadfinder, Jungschar, Naturschutzbund etc.). Es ist wichtig, dass sich Pubertierende als selbstwirksam erleben und gleichzeitig bei all den Neuerungen noch einen geschützten Rahmen haben, der ihnen Halt gibt.

### *Wie können hochsensible Kinder ihre starken Gefühle wie Wut und Frustration angemessen ausdrücken?*

Starke Gefühle sind immer Ausdruck innerer Anspannung aus den unterschiedlichsten Gründen. Diese innere Anspannung muss in jedem Fall abgebaut werden, um wieder in ein Gleichgewicht zu kommen. Nun sind weder für Sie noch für Ihr hochsensibles Kind starke Gefühle angenehm. Längerfristig kann es helfen, bereits zu einem früheren Zeitpunkt zu reagieren, sprich bevor es überhaupt zu einem Anstauen der unangenehmen Gefühle kommt. Hierfür muss man die entsprechenden Signale deuten können. Wie merke ich, dass ich unter Anspannung gerate? Wie zeigt mein Körper mir, dass eine Grenze erreicht ist und mir die Hutschnur durchgeht? Wenn ich dies weiß, kann ich rechtzeitig reagieren.

Konnte der Prozess nicht frühzeitig abgefangen werden, benötigt es ein passendes Ventil bzw. passende Strategien, um die Vehemenz der Emotionen abzubauen. Optimalerweise sind es körperliche Aktionen, die eine Entlastung schaffen. Führen Sie einen Stressnotfallkoffer ein und sammeln Sie Ideen, wie Ihr Kind den Stress abbauen kann. Können es zehn Minuten auspowern auf dem Trampolin sein? Ist es das Rennen um den Häuserblock? Das Rangeln mit dem Papa?

### *Was kann ich bei Schlafproblemen meines hochsensiblen Kindes machen?*

Wie bereits im entsprechenden Kapitel erläutert, ist eine körperliche und mentale Balance bedeutsam für guten Schlaf. Ein Kind, das den ganzen Tag nur sitzt – von der Zeit in der Schule über das Hausaufgabenmachen bis hin zum entspannten Herumliegen auf dem Sofa –, wird abends körperlich unausgeglichen sein, da es nicht ausgelastet ist. Dabei hat körperliche Betätigung schlaffördernde Wirkung.

Neben dem körperlichen Gleichgewicht spielt aber auch die mentale Balance eine große Rolle. Überlegen Sie sich, wie viele Eindrücke (Beobachtungen, Gefühle etc.) Ihr Kind im Laufe des Tages sammelt. Umso wichtiger ist es, das Ausklingen des Tages abends schrittweise einzuläuten und dem Kind mittels Ritualen zu ermöglichen, Sorgen, Grübeleien und Gedanken loszulassen. Auch dem Grad der inneren und äußeren Anspannung kommt eine große Rolle zu, wenn es um das abendliche Loslassen des Tages geht. Damit einhergehend spielen folgende Fragen eine Rolle: Mit welchen Herausforderungen ist Ihr Kind aktuell konfrontiert? Hat es Entwicklungsschritte zu bewältigen? Steht es unter Grundanspannung oder einer übermäßigen Erschöpfung? All dies gilt es mit einzubeziehen, wenn Sie Lösungen für Einschlafschwierigkeiten finden wollen.

Überlegen Sie sich, welche altersgerechten Verarbeitungsmöglichkeiten Sie Ihrem Kind anbieten können, damit es bereits vor der Zubettgehzeit zur Ruhe kommen kann. Helfen beispielsweise gemeinsame Gespräche am Abend? Oder das bewusste Spiel mit Playmobilfiguren oder Ähnlichem, um einzelne Szenen des Tages zu verarbeiten? Oder ist Ihr Kind kreativ und taucht beim Malen in seine persönliche Welt ab, während das Unterbewusstsein erlebte Situationen verarbeitet?

### *Mein Sohn übernimmt für alles und jeden Verantwortung, mehr als ihm guttut. Er übernimmt die komplette Verantwortung für seine Schwester. Was kann ich tun?*

Dass hochsensible Kinder mehr Verantwortung für Menschen und Situationen übernehmen, als ihnen guttut, ist keine Seltenheit. Brüder, die sich um ihre kleinen Geschwister sorgen und in immensen Stress geraten, wenn Gefahr droht oder ihnen tatsächlich etwas zustößt; Kinder, die Erschöpfungszustände der Eltern spüren und dann aus Verantwortungsbewusstsein heraus alles versuchen, damit es ihnen besser geht; Schülerinnen, die den Stress der Lehrkraft spüren und in die Überanpassung gehen, um nicht selbst Stressor zu sein. All diese Verhaltensweisen rühren aus der Tatsache, dass Hochsensible sehr fein spüren und beobachten, wie es ihrem Gegenüber geht. An sich eine großartige Eigenschaft, wäre da nicht die Verantwortungsübernahme, die ein hochsensibles Kind letztlich belastet. Hier ist es wichtig, Entlastung vorzunehmen. Dies können Sie beispielsweise, indem Sie exemplarisch für jedes Familienmitglied Gefäße mit Namen versehen und auf Zetteln die Situation beschreiben. Dann legen Sie gemeinsam mit Ihrem Kind den Zettel in den Topf, in den die Verantwortung gehört. Übernimmt das Kind erneut Verantwortung, zeigen Sie ihm, dass er den Verantwortungszettel wieder herausholt und sein Gefäß damit füllt. Mit dieser Handlung soll klar werden, dass die eigenen Verantwortungsbereiche ausreichend sind. Loben Sie Ihr Kind dafür, dass es die Not des anderen sieht. Denn dies ist definitiv eine Gabe. Aber die Verantwortung, das Problem zu lösen, hat mitunter jemand anderes.

### *Wie können wir unseren Sohn an das Thema Hochsensibilität heranführen, sodass er sich selbst besser versteht?*

Ich halte es für wichtig, dass hochsensible Kinder sich im Laufe ihrer Entwicklung immer besser kennenlernen. Wer um seine Stärken und Schwächen weiß, wer weiß, was ihn hindert, etwas zu tun, oder wer weiß, was ihn im Leben antreibt, der kann

Selbstvertrauen aufbauen und mit diesem Wissen Herausforderungen bewältigen.

Nun ist natürlich nicht jedes Alter für jede Art der Erläuterung stimmig. Im Kleinstkind- und Kindergartenalter würde ich beschreibend vorgehen und viele anbahnende Fragen stellen. Auf diese Weise haben Sie auch die Möglichkeit, Ihr Kind besser kennenzulernen: *„Was denkst du, wenn …? Was fühlst du, wenn …? Wie merkst du, dass du dich unwohl fühlst, du im Stress bist?“* So lernt Ihr Kind den ersten wichtigen Schritt: seine Körperreaktionen und Gefühle zu deuten, dafür einen Begriff zu haben und diese Zustände auch ohne Ihr Beisein im Kindergarten einordnen zu können.

Parallel dazu können Sie über ein Bild, das Ihrem Kind vertraut ist (Feuerwehrgruppe, Fußballgruppe) erläutern, dass es unterschiedliche Rollen und Positionen gibt, die jede für sich wichtig und wertvoll ist. Und dass Ihr Kind zum Beispiel nie Stürmer sein wird, sondern immer der durchdachte und alles im Blick habende Verteidiger. Auf diese Weise lernt Ihr Kind, auch andersdenkende Kinder zu schätzen, und es entwickelt kein Denken wie „Ich muss besser sein als die anderen“ oder Ähnliches.

Mit zunehmendem Alter können Sie dann den Begriff der Hochsensibilität einflechten. Dabei würde ich die Inhalte immer offen handhaben. Denn jemand ist nie nur hochsensibel oder nicht, nur vorsichtig oder nicht. Es sollte zu keiner Stigmatisierung, aber dennoch Erklärung kommen.

# 6. AUSBLICK

Das Thema Hochsensibilität wird in den letzten Jahren stark diskutiert. Die Positionen sind dabei sehr gegensätzlich. Neben der Frage, wie das Temperamentsmerkmal „Hochsensibilität" genau definiert ist, werden auch verschiedenste Ursachen für das Auftreten der Merkmale verantwortlich gemacht. Die allgemeine gesellschaftliche Entwicklung, mediale Reizüberflutung, Bewegungsarmut, Erziehungsstil, Ernährungsgewohnheiten und vieles mehr werden zur Erklärung herangezogen.

In meiner Beratungspraxis erlebe ich bei all der Diskussion vor allem eines: Kinder und Eltern sind in einem großen Maß erleichtert, dass sie endlich Antworten auf offene Fragen gefunden haben. Hochsensible Kinder spüren, dass sie ernst genommen werden, dass sie nicht verkehrt sind. Diese Erkenntnis schafft oft eine derartige Erleichterung, dass sich im familiären System bereits durch das reine Wissen sehr viel zum Positiven verändert. Die Kinder können ihre Potenziale zeigen und öffnen sich, anstatt sich zunehmend zu verschließen. Wenn dies gelingt, ist ein großer Schritt in die richtige Richtung getan. Es lohnt sich allemal, genauer hinzusehen, welche Persönlichkeit Sie vor sich haben, und darauf einzugehen. Die Kinder werden es Ihnen danken.

Abschließend ist mir noch wichtig, Folgendes zu vermitteln: Ich arbeite mit sehr vielen unterschiedlichen Persönlichkeiten. Jedes Individuum ist für mich einzigartig. Eine Bewertung vorzunehmen, welche Persönlichkeit wünschenswerter wäre, welche besser oder schlechter ist, halte ich für verkehrt. In unserer Gesellschaft benötigen wir jede Form von Individualität.

Wir brauchen Kinder und Erwachsene, die Neues wagen, Risiken eingehen, einen Forscherdrang haben – und wir brauchen die detaillierten Denker, Reflektierenden und Stetigen. Letztlich heißt es in der Begleitung von Kindern und Jugendlichen immer, zu schauen, wie ich Potenziale wirkungsvoll fördern kann.

# 7. WO FINDE ICH WEITERE HILFE?

Wenn Sie als Eltern – oder auch als ErzieherIn oder LehrerIn – die Vermutung haben, dass ein Kind hochsensibel ist, lohnt es sich zu recherchieren, welche Anlaufstellen es in Ihrer Region für Betroffene gibt. Wenngleich die Temperamentsmerkmale der Hochsensibilität noch immer nicht so bekannt sind wie andere kindliche Störungen, verändert sich die Forschungslandschaft im deutschsprachigen Bereich dennoch seit Jahren. Das Netz an Fachkräften, die sich mit Hochsensibilität auskennen, wächst zunehmend. Darunter sind Allgemeinmediziner, Kinderärzte, Sozialpädagogen, Lehrer und Psychotherapeuten zu finden. Sprechen Sie in jedem Fall mit Personen, die offen für dieses Thema sind und gut Bescheid wissen, um falsche Diagnosen, Missverständnisse und Fehldeutungen auszuschließen.

Für Eltern gibt es inzwischen auch regelmäßige Gesprächskreise und Foren, die Austauschmöglichkeiten bieten. Dies kann insofern hilfreich sein, als viele Eltern zunächst an ihrer Erziehungskompetenz zweifeln, wenn ihr hochsensibles Kind Auffälligkeiten zeigt. Hören Eltern von Familien, die dasselbe erleben, sorgt dies oft für Erleichterung. Die Erkenntnis, dass es anderen genauso geht, sowie die Anregungen, Informationen und Tipps, die sie im Austausch mit anderen erhalten, können für Eltern sehr entlastend und ermutigend sein.

**Vereine/Institute zum Thema Hochsensibilität**

*In Deutschland:*

Informations- und Forschungsverbund Hochsensibilität e. V.
www.hochsensibel.org

*In Österreich:*

Zartbesaitet: Verein zur Förderung hochsensibler Menschen
www.zartbesaitet.net

*In der Schweiz:*

Institut für Hochsensibilität (IFHS)
www.ifhs.ch

*In Italien:*

www.personealtamentesensibili.it

*International:*

www.hsperson.com

**Kontakt zur Autorin:**

Praxis für Lerntherapie und Hochsensibilität
www.hochsensibel-leben.de, info@hochsensibel-leben.de
Auf der Website erhalten Sie Informationen zu Angeboten und Veranstaltungen rund um das Thema Hochsensibilität.

# LITERATURVERZEICHNIS

## Bücher:


- Aron, Elaine N.: Das hochsensible Kind, 2. Aufl., München: mvg Verlag 2010.
- Aron, Elaine N.: Sind Sie hochsensibel?, 7. Aufl., München: mvg Verlag 2011.
- Aron, Elaine N.: Hochsensible Menschen in der Psychotherapie, Paderborn: Junfermann Verlag 2014.
- Aust-Claus, Elisabeth / Hammer, Petra-Marina: Das ADS-Buch, 10. Aufl., Ratingen: ObersteBrink Verlag 2005.
- Bauer, Christiane / Hegemann, Thomas: Ich schaffs! – Cool ans Ziel, 2. Aufl., Heidelberg: Carl-Auer Verlag 2010.
- Blumentritt, Lena: High sensor-processing sensitivity. Eine empirische Studie zu Hochsensitivität, Norderstedt: Books on Demand 2012.
- Cain, Susan: Still. Die Bedeutung von Introvertierten in einer lauten Welt, Ratingen: Riemann Verlag 2011.
- Dinkel, Sabine: Hochsensibel durch den Tag, Hannover: Humboldt 2016.
- Fricke, Leonie / Lehmkuhl, Gerd: Schlafstörungen im Kindes- und Jugendalter, Göttingen: Hogrefe 2006.
- Grossmann, Karin: Die Ontogenese kindlicher Zuwendung gegenüber Bezugspersonen und gegenüber Dingen; in: Christian Eggers (Hrsg): Bindungen und Besitzdenken beim Kleinkind, München: Urban und Schwarzenberg 1984, S. 121-154.
- Heller, Jutta: Resilienz. 7 Schlüssel für mehr innere Stärke, 3. Aufl., München: Gräfe und Unzer Verlag 2013.
- Kagan, Jerome / Snidman, Nancy: The long shadow of temperament, Cambridge/ Massachusetts/London: The Belknap press of Harvard University press 2004.
- Karres, Britta: Komm raus, ich seh dich!, Wien: Festland Verlag 2016.
- Klein-Heßling, Johannes / Lohaus, Arnold: Stresspräventionstraining für Kinder im Grundschulalter, Göttingen: Hogrefe 1998.
- Klosinski, Gunther: Pubertät heute. Lebenssituationen, Konflikte, Herausforderungen, München: Kösel Verlag 2004.
- Lang-Bergamin, Miriam / Müller Rebekka: Hochsensible Kinder in der Schule. Masterarbeit der Interkantonalen Hochschule für Heilpädagogik Zürich 2012.
- Lehrhaupt, Linda / Meibert, Petra: Stress bewältigen mit Achtsamkeit, 4. Aufl., München: Kösel Verlag 2011.
- Leuze, Julie: Empfindsam erziehen, Wien: Festland Verlag 2010.
- Lohaus, Arnold / Domsch, Holger / Fridrici, Mirko: Stressbewältigung für Kinder und Jugendliche, Heidelberg: Springer Verlag 2007.
- Lüling, Dirk & Christa: Mit feinen Sensoren. Hochsensitive Kinder verstehen und ins Leben begleiten, Lüdenscheid: Asaph Verlag 2014.
- Lüling, Dirk & Christa: Lastentragen – die verkannte Gabe, 4. Aufl., Lüdenscheid: Asaph Verlag 2008.

- Marletta-Hart, Susan: Leben mit hochsensiblen Kindern, Bielefeld: Aurum Verlag 2013.
- Mock-Eibeck, Anja: KurzCHECK. Sozial-emotionale Entwicklung von Kindern, Hamburg: Verlag Handwerk und Technik GmbH 2020.
- Neff, Kristin: Selbstmitgefühl, 4. Aufl., Seeheim-Jugenheim: Kailash Verlag 2012.
- Parlow, Georg: Zart besaitet, 2. Aufl., Wien: Festland Verlag 2003.
- Pfeifer, Samuel: Der sensible Mensch, 7. Aufl., Witten: SCM R. Brockhaus Verlag 2009.
- Pluess, Michael / Belsky, Jay: Vantage Sensitivity. Individual differences in response to positive experience; in: Psychological Bulletin, Jg. 139, Heft 4, 2013, S. 901-916.
- Pluke, Rob: Parenting the sensitive child, Polen: Amazon fulfillment 2008.
- Scholl, Norbert: Kleine Psychoanalyse christlicher Glaubenspraxis, München: Kösel Verlag 1980.
- Schorr, Brigitte: Hochsensibilität. Empfindsamkeit leben und verstehen, Holzgerlingen: SCM Verlag 2011.
- Schüler, Doris: Schüchterne Kinder stärken, 2. Aufl., Seeheim-Jugenheim: Amondis Verlag 2012.
- Siegel, Daniel / Bryson, Tina Payne: Achtsame Kommunikation mit Kindern, 3. Aufl., Freiburg: Arbor Verlag 2016.
- Siegel, Daniel / Bryson, Tina Payne: Disziplin ohne Drama, 4. Aufl., Freiburg: Arbor Verlag 2021.
- Spallek, Roswitha: Pubertät. Konflikte verstehen, Lösungen finden, Chancen erkennen, Stuttgart: Kreuz Verlag 2001.
- Trappmann-Korr, Birgit: Hochsensitiv. Einfach anders und trotzdem ganz normal, 4. Aufl., Kirchzarten bei Freiburg: VAK Verlags GmbH 2011.
- Wyrsch, Patrice: Wahrnehmungsfähigkeit Neurosensitivität. Die Kraft der Hochsensitiven, Düsseldorf: Eigenverlag 2020.

## Websites:

*www.zentrales-adhs-netz.de/fileadmin/redakteure/zentrales-adhs-netz/Ueber-das-Netz/Grundlagen/Bundesaerztekammer_2005_ADHS_Stellungnahme_kurz_1_.pdf*

*https://autismus-kultur.de/icd-diagnosekriterien/#autismus-spektrum-stoerung-ass-im-icd-11*

*https://kindergaerten.kultus-bw.de/site/pbs-bw-km-root/get/documents_E924028019/KULTUS.Dachmandant/KULTUS/Projekte/kindergaerten-bw/Oplan/Material/KM-KIGA_Orientierungsplan_2011.pdf*

# ANMERKUNGEN

1 Samuel Pfeifer: Der sensible Mensch, 5. überarbeitete Auflage, mosaicstones, CH-Thun, S. 32.

2 Elaine N. Aron: Das hochsensible Kind, 2. Aufl., München: mvg Verlag 2010, S. 26-27.

3 Vgl. Samuel Pfeifer: Der sensible Mensch, 7. Aufl., Witten: SCM R. Brockhaus 2009, S. 31ff.

4 Vgl. Samuel Pfeifer: Der sensible Mensch, 7. Aufl., Witten: SCM R. Brockhaus 2009, S. 34-35; vgl. Susan Cain: Still, München: Riemann Verlag 2011, S. 179ff.

5 Pfeider, Samuel: Der sensible Mensch, 5. überarbeitete Auflage, mosaicstones, CH-Thun.

6 Vgl. Elaine N. Aron: Das hochsensible Kind, 2. Aufl., München: mvg Verlag 2010, S. 54.

7 Vgl. Elaine N. Aron: Das hochsensible Kind, 2. Aufl., München: mvg Verlag 2010, S. 187ff.

8 Vgl. Elaine N. Aron: Das hochsensible Kind, 2. Aufl., München: mvg Verlag 2010, S. 173.

9 Vgl. Samuel Pfeifer: Der sensible Mensch, 7. Aufl., Witten: SCM R. Brockhaus 2009, S. 13.

10 Vgl. Elaine N. Aron: Das hochsensible Kind, 2. Aufl., München: mvg Verlag 2010, S. 14.

11 Vgl. Brigitte Schorr: Hochsensibilität. Empfindsamkeit leben und verstehen, Holzgerlingen: SCM Verlag 2011, S. 16-17; vgl. Birgit Trappmann-Korr: Hochsensitiv. Einfach anders und trotzdem ganz normal, 4. Aufl., Kirchzarten: VAK Verlags GmbH 2011, S. 54ff; vgl. Arnold Lohaus / Holger Domsch / Mirko Fridrici: Stressbewältigung für Kinder und Jugendliche, Heidelberg: Springer Verlag 2007.

12 Arnold Lohaus / Holger Domsch / Mirko Fridrici: Stressbewältigung für Kinder und Jugendliche, Heidelberg: Springer Verlag 2007, S. 11.

13 Vgl. Samuel Pfeifer: Wenn Sensibilität zur Krankheit wird, 4. Aufl., Seminarheft, 2012, S. 7.

14 Vgl. Michael Pluess / Jay Belsky: Vantage Sensitivity. Individual differences in response to positive experience; in: *Psychological Bulletin* 139, Heft 4, 2013, S. 901-916.

15 Vgl. Michael Pluess / Jay Belsky: Vantage Sensitivity. Individual differences in response to positive experience; in: *Psychological Bulletin* 139, Heft 4, 2013, S. 901-916.

16 Vgl. Michael Pluess: Individual Differences in Environmental Sensitivity; in: *Child Development Perspectives*, April 2015.

17 Vgl. Michael Pluess / Jay Belsky: Vantage Sensitivity. Individual differences in response to positive experience; in: *Psychological Bulletin* 139, Heft 4, 2013, S. 901-916.

18 Vgl. Michael Pluess: Individual Differences in Environmental Sensitivity; in: *Child Development Perspectives*, April 2015.

19 Vgl. https://www. zentrales-adhs-netz.de/fileadmin/redakteure/zentrales-adhs-netz/Ueber-das-Netz/Grundlagen/Bundesaerztekammer_2005_ADHS_Stellungnahme_kurz_1_.pdf (letzter Zugriff: 12.04.2024).

20 Vgl. Elaine N. Aron: Das hochsensible Kind, 2. Aufl., München: mvg Verlag 2010, S. 57.

21 Vgl. *https://autismus-kultur.de/icd-diagnosekriterien/#autismus-spektrum-stoerung-ass-im-icd-11* (letzter Zugriff: 12.04.2024).

22 Vgl. Elaine N. Aron: Das hochsensible Kind, 2. Aufl., München: mvg Verlag 2010, S. 59f.

23 Vgl. Elaine N. Aron: Das hochsensible Kind, 2. Aufl., München: mvg Verlag 2010, S. 59-61.

24 Georg Parlow: Zart besaitet, 2. Aufl., Wien: Festland Verlag 2003.

25 Georg Parlow: Zart besaitet, 2. Aufl., Wien: Festland Verlag 2003, S. 105.

26 WHO; in: Norbert Scholl: Kleine Psychoanalyse christlicher Glaubenspraxis, München: Kösel Verlag 1980, S. 173.

27 Vgl. Kristin Neff: Selbstmitgefühl. Wie wir uns mit unseren Schwächen versöhnen und uns selbst der beste Freund werden, 4. Aufl., Seeheim-Jugenheim: Kailash Verlag 2012, S. 41.

28 Kristin Neff: Selbstmitgefühl. Wie wir uns mit unseren Schwächen versöhnen und uns selbst der beste Freund werden, 4. Aufl., Seeheim-Jugenheim: Kailash Verlag 2012.

29 Vgl. Kristin Neff: Selbstmitgefühl. Wie wir uns mit unseren Schwächen versöhnen und uns selbst der beste Freund werden, 4. Aufl., Seeheim-Jugenheim: Kailash Verlag 2012, S. 59-145.

30 Vgl. https://leitbegriffe.bzga.de/alphabetisches-verzeichnis/resilienz-und-schutzfaktoren/ (letzter Zugriff: 19.04.2024).

31 Vgl. Jutta Heller: Resilienz. 7 Schlüssel für mehr innere Stärke, 3. Aufl., München: Gräfe und Unzer Verlag 2013, S. 9ff.

32 Vgl. Anja Mock-Eibeck: KurzCHECK. Sozial-emotionale Entwicklung von Kindern, Hamburg: Verlag Technik und Handwerk 2020, S. 22f.

33 Daniel J. Siegel / Tina Payne Bryson: Achtsame Kommunikation mit Kindern, Freiburg: Arbor Verlag 2016.

34 Daniel J. Siegel / Tina Payne Bryson: Achtsame Kommunikation mit Kindern, Freiburg: Arbor Verlag 2016.

35 Vgl. Daniel J. Siegel / Tina Payne Bryson: Achtsame Kommunikation mit Kindern, Freiburg: Arbor Verlag 2016, S. 41ff.

36 Vgl. Daniel J. Siegel / Tina Payne Bryson: Achtsame Kommunikation mit Kindern, Freiburg: Arbor Verlag 2016, S. 47ff.

37 Vgl. Christiane Bauer / Thomas Hegemann: Ich schaffs! – Cool ans Ziel, Heidelberg: Carl-Auer Verlag 2010, S. 33.

38 Vgl. Daniel J. Siegel / Tina Payne Bryson: Disziplin ohne Drama, Freiburg: Arbor Verlag 2021, S. 128.

39 Vgl. Elaine N. Aron: Das hochsensible Kind, München: mvg Verlag 2010, S. 192ff.

40 Arnold Lohaus / Holger Domsch / Mirko Fridrici: Stressbewältigung für Kinder und Jugendliche, Heidelberg: Springer Verlag 2007, S. 8.

41 Vgl. Elaine N. Aron: Das hochsensible Kind, 2. Aufl., München: mvg Verlag 2010, S. 362.
42 Linda Lehrhaupt / Petra Meibert: Stress bewältigen mit Achtsamkeit, 4. Aufl., München: Kösel Verlag 2011, S. 39.
43 Vgl. Linda Lehrhaupt / Petra Meibert: Stress bewältigen mit Achtsamkeit, 4. Aufl., München: Kösel Verlag 2011, S. 46.
44 Vgl. Dirk & Christa Lüling: Mit feinen Sensoren, Lüdenscheid: Asaph Verlag 2014, S. 19.
45 Vgl. Susan Cain: Still, München: Riemann Verlag 2011.
46 Vgl. Julie Leuze: Empfindsam erziehen, Wien: Festland Verlag 2010, S. 77ff.
47 Vgl. Julie Leuze: Empfindsam erziehen, Wien: Festland Verlag 2010, S. 80ff.
48 Vgl. Dirk & Christa Lüling: Mit feinen Sensoren, Lüdenscheid: Asaph-Verlag 2014, S. 41f.
49 Karin Grossmann: Die Ontogenese kindlicher Zuwendung gegenüber Bezugspersonen und gegenüber Dingen; in: Christian Eggers (Hrsg): Bindungen und Besitzdenken beim Kleinkind, München: Urban und Schwarzenberg 1984, S. 121-154.
50 Vgl. Miriam Lang-Bergamin / Rebekka Müller: Hochsensible Kinder in der Schule, Masterarbeit der Interkantonalen Hochschule für Heilpädagogik Zürich 2012, S. 52-59.
51 Vgl. Julie Leuze: Empfindsam erziehen, Wien: Festland Verlag 2010, S. 121ff.
52 Vgl. Elaine N. Aron: Das hochsensible Kind, 2. Aufl., München: mvg Verlag 2010, S. 464-473; vgl. Miriam Lang-Bergamin / Rebekka Müller: Hochsensible Kinder in der Schule, Masterarbeit der Interkantonalen Hochschule für Heilpädagogik Zürich 2012, S. 20-22.
53 Vgl. Miriam Lang-Bergamin / Rebekka Müller: Hochsensible Kinder in der Schule, Masterarbeit der interkantonalen Hochschule für Heilpädagogik Zürich 2012, S. 52-59.
54 Roswitha Spallek: Pubertät, Stuttgart: Kreuz Verlag 2005, S. 128.
55 Vgl. Roswitha Spallek: Pubertät, Stuttgart: Kreuz Verlag 2005, S. 130.